JN085060

スイスイ うかる

販売士

（リテールマーケティング）

1級

問題集

part 5

TAC販売士研究会

TAC出版
TAC PUBLISHING Group

は じ め に

　近年，流通業界をとりまく環境は，顧客ニーズの多様化・細分化，IT
化の著しい進展などにより大きく変化しています。そのため，販売士検
定試験の内容をこうした時代の変化に対応させようと試験の科目体系の
抜本的見直しが行われました。この結果，販売士3級は平成18年度，販
売士2級は平成19年度，販売士1級は平成20年度から，新しい科目体系
にもとづき出題されています。また，平成27年度試験から，「販売士検
定試験」は「リテールマーケティング（販売士）検定試験」に呼称変更
されました。

　2020年初めから新型コロナウイルスの感染が拡大したことから，2020
年7月実施のリテールマーケティング（販売士）検定試験は中止になり
ました。同試験の実施団体である日本商工会議所は多くの学習者が受験
機会を喪失することになったことを重く受け止め，新型コロナウイルス
感染症だけでなく，自然災害などの不測の事態に対応するため，2021年
7月28日からリテールマーケティング（販売士）検定試験をネット試験
方式に切り替えました。

　リテールマーケティング（販売士）検定試験の大きな特徴は，学習教
材である『ハンドブック』にもとづき試験問題が作成されていることです。
つまり，リテールマーケティング検定試験に出題される問題の大部分は
『ハンドブック』に記載されている内容がそのまま出されるか，あるいは
それをベースに問題が作成されています。したがって，『ハンドブック』以
外の他の専門書等で受験勉強をしても非常に効率の悪いものとなります。

　ところが，1つ大きな問題が生じます。それは，学習教材である『ハ
ンドブック』は2分冊から成り，これらの合計ページはB5判（本の大
きさ）で595ページもあることと，学習者からすると，そこに書かれて
いる内容をしっかり把握することが難しいということです。

　そこで，こうした読者の悩みを解決するため，『ハンドブック』に準じ，
それをコンパクトに凝縮した問題集を発行することにしました。"問題を
解き，その解説を読む過程で，重要なこと・ポイントを1つひとつ理解し，
覚えていこう"というものです。内容構成も『ハンドブック』に準じ
ているので，全体像を自分なりにイメージできるはずです。

◆リテールマーケティング(販売士)検定試験の徹底研究

第1章 小売業の従業員管理と能力開発

第2章 小売業の戦略的キャッシュフロー経営

第3章 小売業の店舗に関する法律

第4章 小売業のリスクマネジメント

◆リテールマーケティング(販売士)検定試験
　1級模擬テスト(販売・経営管理)

リテールマーケティング
（販売士）検定試験の徹底研究

1 リテールマーケティング(販売士)検定試験 1級の概要

1 試験の内容

　従来，販売士検定試験1級は筆記試験と面接試験から構成されていましたが，面接試験は平成25年度の第41回(平成26年2月19日施行)をもって廃止となりました。よって，平成26年度の第42回(平成27年2月18日施行)からは筆記試験のみが実施されています。

　ところが，2020年初めから新型コロナウイルスの感染が拡大したことで，2020年7月実施のリテールマーケティング(販売士)検定試験(2級と3級)が中止になりました。このため，同試験の実施団体である日本商工会議所は多くの学習者が受験機会を喪失することになったことを重く受けとめ，新型コロナウイルス感染症だけでなく，自然災害などの不測の事態に対応すべく，2021年7月28日からリテールマーケティング(販売士)検定試験(1級～3級)をネット試験に切り替えました。

　従来，リテールマーケティング(販売士)検定試験1級は毎年1回，2月にしか受験機会はありませんでしたが，ネット試験の導入により，自分の都合のよい日，都合のよい時間帯に受験可能となりました。

(1)試験科目

　次の5科目です。

①小売業の類型　　　　②マーチャンダイジング
③ストアオペレーション　④マーケティング
⑤販売・経営管理

(2)出題形式

　各科目とも，択一式穴埋問題　小問10問
　　　　　　　　記述式穴埋問題　小問10問

よって，5科目合計で小問が100問出題されます。

※「記述式穴埋問題」は，問題文中の空欄に，最も適当な語句・短文を入力する形式です。

(3)試験時間

　休憩なしで90分。

　　①　小売業の類型
　　②　マーチャンダイジング
　　③　ストアオペレーション　　　　90分
　　④　マーケティング
　　⑤　販売・経営管理

(4)科目合格について

　1級試験の場合，不合格になっても70点以上取得した科目は「科目合格」が適用されます。有効期限は，科目合格をした受験日の属する年度の翌年度末までです。

(例)2022年11月に受験し，「マーチャンダイジング」科目を科目合格した場合，2024年3月末まで科目合格が適用されます。なぜなら，2022年11月に受験したので，受験した年度は2022年度となります。有効期限は，受験した日の属する年度の翌年度末なので，2022年度の翌年度は2023年度となり，その年度末は2024年3月末となります。2023年度とは，2023年4月初めから2024年3月末までのことです。

※試験申込時に，合格済みの科目のみ科目別合格証明書またはスコアボードの画像を必要数すべてマイページから登録すること。

　なお，科目合格者の試験時間は，5科目受験者と同様に90分です。ただ，試験終了時間前にやめることは可能で，その時は終了ボタンと印刷ボタンを押します。

(5)合格基準

　各科目70点以上であること。つまり，合格するためには，5科目すべての得点がそれぞれ70点以上必要です。

2　受験の手引き
(1)受験資格

　学歴，年齢，性別，国籍等による制限はありません。

(2)試験の方法

試験会場のパソコンを使用し，インターネットを介して試験が実施されます。

(3)試験申込・試験日時

各試験会場が定める試験日時と受験者の都合を調整して，決めることになっています。

①インターネット申込方式

以下の株式会社 CBT-Solutions のリテールマーケティング（販売士）検定試験申込専用ページから，受験会場を選び，空いている日時で試験を予約できます。

これまでの統一試験日（1級は年1回）での実施と異なり，随時受験が可能です。（試験日の変更，領収書の発行については，株式会社 CBT-Solutions にご相談ください）

https://cbt-s.com/examinee/examination/jcci_retailsales

②会場問い合わせ方式

以下の商工会議所検定ホームページ内の「商工会議所ネット試験施行機関」検索ページから，試験会場を選択し，各試験会場へ直接申込んでください。

https://links.kentei.ne.jp/organization

(4)インターネット申込方式の手順

随時，受験が可能です。その手順は次の通りです。なお，スマートフォンからの申込みは可能です（ガラパゴスケータイは不可）。

①株式会社 CBT-Solutions のリテールマーケティング（販売士）検定試験申込専用ページ（https://cbt-s.com/examinee/examination/jcci_retailsales）にアクセスします。

②ユーザ ID とパスワードを取得し，受験者登録を行います。これにより，マイページ（受験者専用ページ）が作成できます。

③ログインし，希望の試験（1級，2級，3級）を選択します。試験会場を選び，空いている日時で試験を予約します。

なお，受験日・会場の変更・キャンセルはマイページから受験日の3日前（例・受験日が21日の場合は18日）まで可能です。

(5)受験料

1級 − 7,850 円(税込)

※上記の受験料の他に,別途,事務手数料として,受験者 1 名あたり 550 円
(税込)がかかります。

(6)試験当日の持ち物

・本人確認証　　・電卓

※持ち込み可能な電卓は計算機能(四則演算)のみのものに限ります。

③ 試験の実施状況

下表に示されるように,統一試験は 2021 年 2 月をもって終了し,2021
年 7 月 28 日以降は,ネット試験が実施されています。

〔統一試験〕

	受験者数	実受験者数	合格者数	合格率
85回 (2020・2・19)	1,133 名	909 名	194 名	21.3 %
87回 (2021・2・17)	836 名	695 名	174 名	25.0 %

〔ネット試験〕

期　　間	受験者数	実受験者数	合格者数	合格率
2021・7・28〜2022・3・31	844名	795名	137名	17.2%
2022・4・1〜2022・12・31	764名	707名	149名	21.1%

2 ネット試験の概要

1 択一式穴埋問題の出題形式

　下に示されてあるように，「次の各問の〔　〕の部分にあてはまる最も適当なものを選択肢から選びなさい」というものです。そして，〔　〕にあてはまるものが，たとえば「中心化傾向」と思ったら，その左側にある。の穴をマウスでクリックします。すると，穴が黒くなります。

　次の各問の〔　〕の部分にあてはまる最も適当なものを選択肢から選びなさい。

　人事考課を行うとき，心理的誤差傾向と呼ばれるエラーが生じることがある。〔　〕とは，何か1つよいと，何もかもよく評価してしまうように，部分的印象で全体的評価を行うエラーのことをいう。

　　。　中心化傾向
　　。　寛大化傾向
　　。　近接誤差
　　。　ハロー効果

。解答状況　。再考する　。前の問題へ　。次の問題へ

解答が終了すると，最下段に「。解答状況」「。再考する」「。前の問題へ」「。次の問題へ」という4つのボタンが並んでいるので，これらのうちどれかを選んで，。の穴をマウスでクリックします。

　「。次の問題へ」のボタンを押すと，下のような問題がパソコン画面に出ます。ネット試験では合計100問出題されますが，下に示されてあるように，パソコン上の1画面には問題1問だけが掲載されています。

```
┌─────────────────────────────────┐
│ 問題1問でパソコン画面が1画面              │
└─────────────────────────────────┘
        ↓              ↓
```

┌──┐
│   │
│　　次の各問の〔　　〕の部分にあてはまる最も適当なものを選択肢から │
│　選びなさい。   │
│   │
│　　〔　　〕では，建ぺい率は80％に制限され，容積率は200，300， │
│　400，500，600，700，800，900，1,000，1,100，1,200， │
│　1,300％のうち都市計画で定める割合に制限される。   │
│   │
│　　。　　近隣商業地域   │
│　　。　　商業地域   │
│　　。　　準工業地域   │
│　　。　　工業地域   │
│   │
│   │
│　。解答状況　　。再考する　　。前の問題へ　　。次の問題へ   │
│   │
└──┘

画面の最下段にある「。解答状況」を押すと，5科目すべての解答状況（解答状況一覧）を示す画面に切り替わります。

下の「マーケティング」と「販売・経営管理」はその一部を示したものです。「解答状況」は「解答済」「未解答」「再考」「解答中」の4つに分けられ，それらが色分けして表記されています。たとえば，「解答済」は青，「未解答」は赤，「再考」は黄，「解答中」は黒となります。

〔マーケティング〕

1	2	3	4	5	6	7	8	9	10
青	青	青	青	青	赤	赤	青	黄	青

青→解答済
赤→未解答

11	12	13	14	15	16	17	18	19	20
赤	赤	青	青	青	黄	黄	青	青	赤

黄→再考
黒→解答中

〔販売・経営管理〕

1	2	3	4	5	6	7	8	9	10
青	赤	青	青	青	黄	赤	赤	青	青

青→解答済
赤→未解答

11	12	13	14	15	16	17	18	19	20
青	黄	赤	青	黒	赤	赤	赤	赤	赤

黄→再考
黒→解答中

なお，たとえば，販売・経営管理の15番を解いていて，未解答のマーケティングの問題を解こうと思ったら，「解答状況」の穴をクリックし，「解答状況一覧」に切り替え，そこでマーケティングの6番のボタンを押してください。

❷ 記述式穴埋問題の出題形式

　次ページにあるように，「次の各問の〔　　〕の部分にあてはまる最も適当な語句・短文を記入しなさい」というものです。そして，〔　　〕にあてはまるものが，たとえば「リスクマネジメント」と思ったら，その下にある ☐☐☐☐☐ の中に，キーボードを使って，「リスクマネジメント」と入力します。もちろん，記入した解答を後で訂正することはできます。一応解答はしたものの，後で「再考したい」と思ったら，画面の最下段にある「○再考する」をクリックしておきます。

　次ページのパソコン画面の「最上部」を見てください。ここには，「リテールマーケティング（販売士）1 級」「97／106」「15：21」となっています。「リテールマーケティング（販売士）1 級」は，「1 級の販売士試験」であることを示しています。「97／106」は，全部で 106 画面ありますが，この画面は最初から数えて 97 番目の画面であることを示しています。ただし，これは試験内容と直接関係はありません。「15：21」は，試験の残り時間が 15 分 21 秒であることを示しています。

　また，その下の「販売・経営管理11／20問」は，下の問題は「販売・経営管理」の問題で，この問題は「販売・経営管理」の問題 20 問のうち，11 番目の問題であることを示しています。

　P10 と P11 の問題は，「販売・経営管理」の問題のうち「択一式穴埋問題」であるので，パソコン画面上には「販売・経営管理1／20問」「販売・経営管理2／20問」などと書かれています。

　「択一式穴埋問題」のときは各問題とも，「次の各問の〔　　〕の部分にあてはまる最も適当なものを選択肢から選びなさい」という問題設定ですが，「記述式穴埋問題」は各問題とも，「次の各問の〔　　〕の部分にあてはまる最も適当な語句・短文を記入しなさい」という問題設定です。

正　解	
第 1 問（人事考課を……）	正解 ハロー効果
第 2 問（〔　　〕では，……）	正解 商業地域
第 3 問（2005（平成 17）……）	正解 リスクマネジメント

リテールマーケティング（販売士）1 級　　97／106　　15：21

販売・経営管理　11／20 問

　次の各問の〔　　〕の部分にあてはまる最も適当な語句・短文を記入しなさい。

　2005（平成 17）年 4 月の個人情報保護法の施行に伴い，新たに情報の取扱いにも注意を払わなければならなくなった。店舗の商品を盗難などから防ぎ，顧客と従業員の個人情報と安全を守る〔　　〕は小売業の使命であり，重点課題である。

◦解答状況　◦再考する　◦前の問題へ　◦次の問題へ

3 本書の特長と利用法

■1 「択一問題」と「正誤問題」を中心に掲載した

従来，リテールマーケティング（販売士）1級の出題形式は「正誤問題」「択一問題」と「記述式問題」の2つのタイプから構成されていました。

ところが，ネット試験の導入により，販売士1級の出題形式は，「択一式穴埋問題」と「記述式穴埋問題」の2つのタイプに変更されました。「択一式穴埋問題」はP10とP11，「記述式穴埋問題」はP14に掲載されています。

P10に掲載した問題は「人事考課における心理的誤差傾向」に関するものですが，その類似問題がP38に掲載した「心理的誤差傾向に関する択一問題」です。

P10に掲載した問題から得られる知識は，「ハロー効果とは，人事考課におけるどういうエラーであるか」ということだけです。一方，P38に掲載した問題からは，ハロー効果のほか，中心化傾向，寛大化傾向，近接誤差，対比誤差，という心理的誤差傾向も学ぶことができます。つまり，1つの問題から多くのことを学ぶためには従来のような「択一問題」「正誤問題」を作成し，それを解くことが早道ということです。また，心理的誤差傾向について体系的に学ぶことができるということも大きなメリットです。

したがって，本書では，従来のような「択一問題」「正誤問題」を中心に掲載しました。

■2 「ハンドブック」の内容にもとづいた問題作成

リテールマーケティング（販売士）検定試験の問題は，学習教材であるハンドブックの内容にもとづいて作成されています。したがって，本書の問題もハンドブックの内容に忠実に問題を作成しました。

たとえば，『販売士ハンドブック（発展編）③ストアオペレーション ④マーケティング ⑤販売・経営管理 リテールマーケティング（販売士）検定試験1級対応』のP268に次のような記述があります。

「こうした能力（知的能力，技術的能力，身体的能力，精神的能力）は，そのほとんどがある程度までは客観的に把握する方法（テストや検査）が確立されている。しかし，これらのテストや検査で把握できるものは，それぞれに分解さ

れた能力であって，その能力を総合した能力ではない。ところが，実際の職場で仕事をしていくのに必要な能力は，大部分は総合的な能力である。」

本書では，この箇所をもとに次のような問題を作成しました。

□ 次のア～オについて，正しいものには1を，誤っているものには2を記入しなさい。

ア　………
イ　………
ウ　………
エ　………
オ　実際の現場で仕事をしていくのに必要な能力は，個々に分解された能力で済むというものは少なく，大部分は総合的な能力である。

オの答えは当然1となります。販売士検定試験の場合，ハンドブックにもとづいて問題を作成しているので，上記の箇所を使って問題を作成した場合，上のオのような内容になると考えられます。つまり，本書に記載されていることを理解するということは，間接的に，ハンドブックに記載されていることを理解することになります。

❸ 「ハンドブック」の内容構成と同じ

ハンドブックは，『販売士ハンドブック（発展編）①小売業の類型　②マーチャンダイジング』（上巻）と，『販売士ハンドブック（発展編）③ストアオペレーション　④マーケティング　⑤販売・経営管理』（下巻）の2分冊から成ります。しかし，本シリーズでは，その構成を，『Part 1〈小売業の類型〉』『Part 2〈マーチャンダイジング〉』『Part 3〈ストアオペレーション〉』『Part 4〈マーケティング〉』『Part 5〈販売・経営管理〉』の5分冊としました。おそらく，学習者からすれば，5分冊で勉強する方が気分もよいし，効率もアップするものと考えます。

また，ハンドブックの「販売・経営管理」の内容構成は，「第1章　小売業の従業員管理と能力開発」～「第4章　小売業のリスクマネジメント」となっています。これについて，本シリーズはハンドブックと同じものになっています。

ハンドブックの「第1章　小売業の従業員管理と能力開発」は，「第1節　従業員管理の実務」「第2節　従業員の能力把握と人事考課」「第3節　職場の教育訓練」の3つの節から構成されていますが，本シリーズではこれを「実力養成問題　従業員管理の実務」「実力養成問題　従業員の能力把握と人事考課」「実力養成問題　職場の教育訓練」という形式で表しました。

　おそらく，これにより読者も安心して，本書に取り組めると思います。

4　わかりやすい解説

　本書の大きな特長の1つは $\boxed{解説}$ が充実していることです。本書の P74 の問題と，その解説の一部を下に掲載しました。

実力養成 問 題　キャッシュフローとキャッシュフロー経営 (1)

□ 次のア～オについて，正しいものには1を，誤っているものには2を記入しなさい。

　　ア　損益計算書では多額の利益があっても，現金が不足すれば，最悪の場合，企業は倒産に追い込まれることになる。

POINT!!　解説

　ア　損益計算書の場合，たとえば多額の売掛金や受取手形を保有していると，これらが資産として計上されるため，帳簿上は多額の利益があがっていることになる。しかし，売掛金や受取手形がそのままの場合，現金が入ってこないので，帳簿上は利益が上がっていても，現金不足になり，倒産に追い込まれることはよくある。

問題文のアの問題文を読んで，その意味がわからない場合には，すぐに正解を見ましょう。アの正解は1です。通常，正解とわかれば，その問題文に書いてあることを自分なりに覚えればよいのですが，この問題の場合，正解の背後にあるものを知る必要があります。

そこで，解説をじっくり読むと，「売掛金や受取手形がそのままの場合，現金が入ってこないので，帳簿上は利益が上がっていても，現金不足になり」の箇所がポイントであるとわかります。つまり，売掛金や受取手形を持っていれば，いずれ現金は入ってくるものの，それらの現金がなかなか入ってこないために，会社が現金不足になり倒産することもある，ということです。

すると，解説の前半に書いてある，「多額の売掛金や受取手形を保有していると，これらが資産として計上されるため，帳簿上は多額の利益が上がっていることになる」という文の意味することがよくわかることになります。特に，「帳簿上は」という箇所が重要です。

⑤ "記述式問題"の対策もできる

販売士1級検定試験の大きな特徴は，"記述式"の問題が出題されることです。ただ，ネット試験の導入により，記述式の出題形式は大きく変わりました。

そこでまずは，従来の記述式の出題形式を見てみましょう。

第83回販売士検定試験で出題されたテーマは次の通りです。

●下記(1)～(2)はキャッシュフローベースの経営指標である。それぞれの指標の意味を3行程度で記述しなさい。

(1)キャッシュフローマージン

_____

_____

_____

(2)株価キャッシュフロー倍率

_____

_____

_____

●下記(1)〜(2)は能力開発に関する教育である。それぞれの手法について，3行程度で記述しなさい。

(1)センシティビティ・トレーニング

_____

_____

_____

(2)マネジリアル・グリッド・セミナー

_____

_____

_____

　上記の2問を見てわかるように，出題テーマは受験者が比較的書きやすいものが選ばれていました。ただ，限られた時間内に，限られたスペースに，自分の伝えたいことをうまく表現しなければならないので，何度も書いて，文章を書くのに慣れるまでが大変だと考えられます。

　一方，ネット試験の記述式穴埋問題は先に示したように，下記のような問題です。

●次の各問の〔　　〕の部分にあてはまる最も適当な語句・短文を記入しなさい。

　2005（平成17）年4月の個人情報保護法の施行に伴い，新たに情報の取扱いにも注意を払わなければならなくなった。店舗の商品を盗難などから防ぎ，顧客と従業員の個人情報と安全を守る〔　　〕は小売業の使命であり，重点課題である。

_____

上問の〔　〕には,「リスクマネジメント」が入ります。記述式穴埋問題の特徴は, どこに〔　〕を設けるかにより, 問題の難易度が変わることです。

たとえば,「個人情報保護法」の箇所に〔　〕を設けると, 問題は易しいものになります。一方,「顧客と従業員の個人情報と安全」の箇所に〔　〕を設けると, 問題は難しいものとなります。したがって, その点を頭に入れながら, 記述式穴埋問題の対策をすることが肝要といえます。

6　巻末にネット試験の模擬テストを掲載

ネット試験は,「択一式穴埋問題」10問,「記述式穴埋問題」10問の2本立てです。

本書の本文には, 従来の「択一問題」「正誤問題」と「記述式穴埋問題」は掲載してありますが,「択一式穴埋問題」は掲載していません。その理由は,「択一問題」「正誤問題」と「記述式穴埋問題」でトレーニングを積めば, おのずと「択一式穴埋問題」を解く実力が身につくと考えたからです。

ネット試験の模擬テストに取り組む際に注意してもらいたいことは次の点です。

・制限時間を守ること。ただし, 不得意科目の場合, 制限時間を5分程度オーバーしてもOKです。

・解ける問題はスイスイ解いていけばOKですが, 問題は"後で処理したい問題"をどうするかということ。その場で決着をつける方が結果がよいという人もいるので, このテストを通じて, 自分にとってベターはどちらかを考えてみましょう。

小売業の従業員管理と能力開発

第1章

□ 次の文中の〔　〕の部分に，下記の語群のうち最も適当なものを選びなさい。

　　基本ともいえる労働条件，労働環境，〔ア〕などの側面から小売業の望ましい労働環境を考えると，少なくとも社会の平均レベルを下回らないようにしなければならない。その場合，〔ア〕が少しぐらいよくても，〔イ〕が長かったり，労働環境が悪かったりすれば〔ウ〕は低下し，若い従業員を中心として辞める傾向が顕著となる。そのため，〔ア〕，〔イ〕，職場の〔エ〕などの労働環境を総合的にみて，地域の平均レベル以下にならないよう留意することが肝要である。

　　また，管理者は自分の役割が何であるかを十分理解しておく必要がある。管理者が果たさなければならない役割のことを〔オ〕という。

〈語　群〉

①勤労意欲　　　②管理職能　　　③能力開発
④賃金　　　　　⑤人間関係　　　⑥管理機能
⑦教育訓練　　　⑧労働時間　　　⑨コミュニケーション
⑩創造的活動

POINT!! 解説

　　上文の主旨は，「賃金，労働時間，職場の人間関係などの労働環境を総合的にみて，少なくとも地域の平均レベルを下回らないようにしなければ，若い従業員を中心に辞める傾向が顕著となる」ということ。

　　つまり，いかなる業種・業態であれ，人に働いてもらう上で重要なことは，少なくとも世間の労働環境の平均レベルの状況下で働いてもらうということである。

　　なお，ハンドブックは，管理職能について，「管理者の地位にある者に期待される役割のこと」と述べている。

正解　□ア④　□イ⑧　□ウ①　□エ⑤　□オ②

実力養成問題　従業員管理の実務(2)
業務推進と従業員管理(2)

□ 次のア〜オは，従業員管理の実行プロセスに関する記述である。
　これらに最も関係の深いものを下の語群から選びなさい。

ア　組織目標を達成するために，従業員が意欲的に仕事をするよう
　に，職場環境を整えたり，刺激を与えたりすることをいう。

イ　職場秩序を守らせたり，目標に対しての個々の従業員の考え方
　を一致させたりして，業務の標準化をはかることなどをいう。

ウ　目標を達成するためのねらいや方法などを体系的にまとめるこ
　とをいう。

エ　仕事の進行状況と計画のズレを調べて，業務の推進をはかった
　り，計画を手直ししたりすることをいう。

オ　目標達成を効果的にするためにはどのような組織でやればよい
　か，どの仕事は誰にやらせるかを決めることをいう。

〈語　群〉
①実行　　②評価　　③調整
④計画　　⑤指令　　⑥動機づけ
⑦統制　　⑧組織化

POINT!! 解説

　J.H.ファヨールは，管理職能の実行プロセスは次の順になるとしている。
この管理の過程は重要であるので，覚えておこう。

①計画──→②組織化──→③動機づけ──→④指令──→⑤調整──→⑥統制

ア：動機づけ段階では，従業員に責任を持たせ，権限を与えることが肝要で
　ある。

イ：統制のポイントは，職場に対して帰属意識を高めることと，自己中心の
　行動をとる者を注意・指導し，仕事のうえでは一定の手続きを全員がとる
　ように指導することである。

ウ：従業員の意欲を高めたり，理解を深めたりするためには，この計画段階
　で，従業員の参画を求めることである。

エ：調整段階で，ズレが生じた原因を調べ，その是正方法を考えるときに，

各自の仕事の成果を公正に評価して知らせ，よい点は褒め，悪い点は是正するよう指導することが大切である。

オ：組織化段階で重要なことは，従業員に能力相応の仕事を与えることである。

また，指令とは，業務を遂行するための方法などについて命令を下すことをいう。その際，管理者は，従業員が内容を理解できるように指令を出すとともに，その指令の必要性や重要性をよく理解させることが肝要である。ハンドブックはこれに関連し，「日ごろから各自の目標と役割を従業員によく理解させておくと，管理者の指令を受けるまでもなく，自分で目標に向かって行動するという目標管理の方向性がみえてくる」と述べている。

⊕α ─────────────────────

> ハンドブックは，「業務推進と従業員管理」の冒頭において，「従業員管理を店舗運営に役立てる方法は，業務の種類や内容，従業員の能力や欲求などによって異なる。したがって，ここでは，どのような職場でも相応の効果が期待できると考えられる方法について述べる」と前置きしている。言い換えれば，最もよい従業員管理の方法は職場ごと，従業員ごとに異なるので，それについては臨機応変に管理者自身が見いださなければならないということである。
>
> また，ハンドブックは，従業員管理を推進するうえでの注意点として，次のものを挙げている。
> ①組織運営の目的，方針を周知徹底する。
> ②従業員教育を充実させる。
> ③従業員間の協力体制を日ごろからつくっておく。
> ④仕事の結果をきちんと公正に評価する。

正解 □ ア ⑥ □ イ ⑦ □ ウ ④ □ エ ③ □ オ ⑧

実力養成問題 従業員管理の実務(3)
小集団活動(1)

□ 次の文中の〔 〕の部分に，下記の語群のうち最も適当なものを選びなさい。

　ボトムアップ方式と〔ア〕主義は，いまや日本の組織運営の特質にもなっている。こうしたことを基盤として経営組織内で発達してきたのが小集団活動である。小集団活動には，〔イ〕サークル，〔ウ〕サークル，考える小集団などがある。〔イ〕は，仕事の誤りの原因を取り除き，正しく仕事をするように動機づける全社的運動のこと，〔ウ〕は品質管理のことである。

　小集団活動の目的は種々雑多であるが，これを大別すると，次の3つとなる。

(1)解決を迫られている組織の問題の処理を目的とした活動
(2)〔エ〕の質的，量的レベルの向上を目的とした活動
(3)自分たちの〔オ〕開発や体力増進などを目的とした活動

〈語　群〉

① SA　　　②業務　　　③集団
④ QC　　　⑤職制　　　⑥ QR
⑦個人　　　⑧能力　　　⑨ ZD
⑩職能

ア：「ボトムアップ方式と〔ア〕主義は，……経営組織内で発達してきたのが
小集団活動である」と書いてあるので，"小集団活動"からアには「集団」が
入ると推察する。

◆ボトムアップ方式

トップダウン方式の反対語。トップダウン方式は上の者が物事を決
め，それを下の者に指示して実行させるもの。ボトムアップ方式は下の
者がいろいろアイデアを出しあって，それを上の者に提案し，上の者が
承認するというもの。

イ：ハンドブックは，ZD（Zero Defects）について，「無欠点運動の意味。仕
事の誤りの原因を取り除き，正しく仕事をするように動機づける全社的運
動のこと。1965（昭和40）年に日本電気（株）が日本式ZDを初めて導入し
た」と述べている。なお，日本電気株式会社の略称は「NEC」で，通称とし
ても「NEC」が一般的に使用されている。

ウ：ハンドブックは，QC（Quality Control）について，「品質管理の意味。商
品の信頼性を高めるために行われるもので，商品の大量供給が進むととも
に，企業にとって欠かせない活動となっている」と述べている。

エとオ：ハンドブックは，小集団活動を目的別に大別すると，次のようにな
るとしている。試験対策としては，（1）（2）（3）の小見出しをチェックし
ておけばOKと考えられる。

（1）解決を迫られている組織の問題の処理を目的とした活動

管理費用の削減，配送業務の円滑化など，本来，職制が解決するべ
きことを処理するために公的組織としてつくられることが多い。

（2）業務の質的，量的レベルの向上を目的とした活動

これには販売促進やコストダウンなどのように目的が絞られている
活動や，QCサークルのように目的の幅が広い活動がある。いずれも
業務の質や量のレベルアップを目的としており，公的につくられるも
のと従業員の間で非公式につくられるものとがある。

（3）自分たちの能力開発や体力増進などを目的とした活動

商品知識を深めるため，英会話ができるようになるための勉強会，
運動グループなどの活動で，公的なもの以外に非公式につくられるも
のも少なくない。

正解 □ ア③ □ イ⑨ □ ウ④ □ エ② □ オ⑧

実力養成 問題

従業員管理の実務（4）
小集団活動（2）

□ 次の文中の〔　〕の部分に，下記の語群のうち最も適当なものを選びなさい。

　　小集団活動を構成するメンバーは，ある期間にわたり共通の〔ア〕を持って協力して活動する。そのため，メンバー間の相互理解が進み，また，互いの間で刺激しあうことで相互啓発が行われ，さらに問題処理などでは〔イ〕を集めることができることから，〔ウ〕的な発想もしやすいという効用がみられる。

　　小集団活動を行うことによって，組織としては次のような効果を得ることが期待できる。

（1）組織内の〔エ〕を円滑にして内部の人間関係をよくする
（2）従業員の〔オ〕が高まり，組織が活性化していく
（3）従業員の能力開発がしやすい
（4）〔ウ〕的活動が促進される

〈語　群〉
①能力　　②満足感　　③勤労意欲
④創造　　⑤機能　　　⑥ナレッジ
⑦目的　　　　⑧コミュニケーション
⑨コンピテンシー　　⑩帰属意識

POINT!! 　解説

　　空欄〔イ〕には「ナレッジ」が入る。ナレッジとは，アイデアやノウハウなどの見えない資産のこと。また，ナレッジマネジメントとは，コンピュータを使って社員個人や社内に散らばっているこれらの知識を共有し，全社的に活用できる社内システムをつくり上げることをいう。

　　小集団活動を行うことで，組織として得られる4つの効果については，「コミュニケーションを円滑にして」「勤労意欲が高まり」「能力開発がしやすい」「創造的活動」の箇所をよくチェックしよう。

正解　□ ア⑦　□ イ⑥　□ ウ④　□ エ⑧　□ オ③

□ 次のア〜オは，小集団活動の効果的な進め方に関する記述である。正しいものには1を，誤っているものには2を記入しなさい。

ア　人数は多すぎても少なすぎても活動は難しくなるが，一般には5人以上10人以下で，できれば7〜8人程度がよい。

イ　小集団活動の成否はリーダーに左右されるので，リーダーの役割は大きい。そのため，リーダーの任期は短くても3年程度にするのがよい。

ウ　活動目標は半年ぐらいの期間内である程度の成果が期待できるものではなく，長い期間を要するものを選ぶ。

エ　小集団活動に対し，経営幹部や職場の管理者は干渉がましいことを差し控える。

オ　小集団活動で得られた問題解決策や提案は，報告書などにまとめて提出させる。

POINT!! 〉解説

ア：人数は7〜8人程度がよい。また，このメンバーは活動の目的に関係を持つ者か，その活動に関心の強い者である必要がある。

イ：リーダーの役割は大きいものの，リーダーの任期は1年程度がよい。できるだけ多くのメンバーにリーダーを体験してもらい，主役意識を持たせるのがよい。

ウ：活動目標は半年ぐらいで，ある程度の成果がでるものがよい。期間が長くなると，活動が次第に低調になることが多い。

エ：ただし，経営幹部や職場の管理者は，活動に対しては十分理解し，その活動への側面からの支援を忘れてはならない。

オ：また，こうした活動が小売業全体で実施されている場合には，発表大会などでその成果を発表させ，その成果を評価するとよい。

　なお，ハンドブックでは，小集団活動の効果的な進め方として，次のもの

を挙げている。試験に出題されやすい箇所なので，キーワードなどをよくチェックしておこう。

①適正規模の集団編成

　一般には，5人以上10人以下で，できれば7〜8人程度がよい。メンバーは，活動の目的に関係を持つ者か，その活動に関心の深い者で構成されることが望ましい。

②リーダーの選出

　リーダーは集団のメンバーが互選などの形で自主的に選ぶのが好ましい。リーダーの任期は1年程度。

③活動目的，活動目標の徹底

　活動目的の必要性を集団のメンバーによく理解させること。活動目標は，小売業として重要度の高いものから優先的に取り上げる。

④目標達成のスケジュール作成

　小集団活動は正規の業務以外の時間で行われることが多く，しかも自主性が尊重される。そのため，計画的，かつ，綿密なスケジュール化が重要となる。

⑤活動への全員参画

　全メンバーが活動に参画できるようにリーダーが配慮することが重要である。

⑥上層部の活動への理解と支援

　小集団活動に対して，経営幹部や職場の管理者は干渉がましいことを差し控える。しかし，活動そのものに対しては，十分な理解と側面からの支援を忘れない。

⑦活動を通しての問題点の把握と解決

　小集団活動は，何らかの問題解決を目的としたものが多い。よって，その原因を正確に把握し，対策を立てるといった問題解決を集団思考で進める必要がある。

⑧活動結果のまとめと評価

　この活動で得られた問題解決策や提案は，報告書などにまとめて提出させる。

正解 □ ア1 □ イ2 □ ウ2 □ エ1 □ オ1

□ 次の文章は，従業員の組織に対する帰属意識に関する記述である。ア～オの〔　　〕にあてはまる語句を記入しなさい。

　　人間はどういう条件のもとで組織への帰属意識を高めていくのであろうか。人が１つの組織に対して帰属意識を抱く条件を分類すると，次のようになる。
　　①その組織に所属することによって，〔　ア　〕が満たされる可能性が高い場合
　　②その組織の活動や〔　イ　〕に魅力を感じる場合
　　③組織の活動にとって自分が〔　ウ　〕であるという意識を持っている場合
　　④組織内に温かい〔　エ　〕が存在する場合
　　⑤組織内の地位が高いか，または高くなる可能性が多い場合
　　これらの条件のうち，満たされるものが多ければ多いほど従業員の組織に対する帰属意識が高まる。したがって，経営者や管理者としてはこれらをできるだけ満たす努力をしなければならない。たとえば，客観的で納得しやすい〔　オ　〕を確立し，誰でも努力次第，能力次第で高い地位に就けることを従業員に理解させることが大切である。

POINT!! ▶ 解説

　　ハンドブックは，「自主的，かつ，意欲的に働いてもらうためには，従業員に勤労意欲を持たせることと同時に，組織に対する帰属意識を抱かせることが必要である」と述べている。
　　それを受けて，上文は，「人が１つの組織に対して帰属組織を抱く条件」を５つに分類したものである。

正　解　　□ ア　自分の欲求　　□ イ　社会的評価　　□ ウ　必要な存在
　　　　　　□ エ　人間関係　　　□ オ　昇進制度

実力養成問題 | 従業員の能力把握と人事考課(1)
従業員の能力把握

□ 次のア～オについて，正しいものには1を，誤っているものには
2を記入しなさい。

ア　管理者は，従業員の協力を得ながら業務を遂行していく必要か
ら，従業員の能力を正しく把握しておく必要がある。

イ　誰にどういう業務を分担させるかなどを決める際に能力把握は
不可欠となるが，従業員に勤労意欲を抱かせるためには能力の把
握は必要ない。

ウ　能力には，知的能力，技術的能力，身体的能力，精神的能力の
4つがあるが，販売業務で必要となるのは知的能力と精神的能力
の2つである。

エ　精神的能力には，注意力，忍耐力などから，協調性，外向性，
感受性などの性格的なものまでいろいろある。

オ　実際の現場で仕事をしていくのに必要な能力は，個々に分解され
た能力で済むというものは少なく，大部分は総合的な能力である。

POINT!! ▶ 解説

アとイ：「誰にどういう業務を分担させるか」「業績をあげるために従業員を
どのように育成するか」などの際，各従業員の能力をしっかり把握してい
ないと，十分な成果をあげることはできない。また，従業員の勤労意欲を
高めるためにも，各自の能力を把握しておくことが重要となる。

ウとオ：実際の現場では，大部分の業務を遂行する際，総合的な能力が不可
欠となる。したがって，販売業務でも，技術的能力，身体的能力は必要と
なる。

エ：ハンドブックによれば，知的能力とは，法律，経済，機械，電気などの
知識と，記憶力，判断力，推理力，理解力，創造力などの知能と呼ばれる
もの。技術的能力とは，機械や器具を操作する能力のほかに，その基本と
なる指先の器用さなど。身体的能力とは，筋力，視力，聴力などから，温
度変化に耐える能力や病気の回復能力など，肉体的な能力をいう。

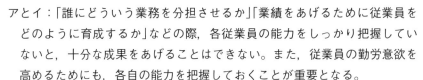

正　解　□ ア1　□ イ2　□ ウ2　□ エ1　□ オ1

実力養成問題 | 従業員の能力把握と人事考課(2)

人事考課(1)

□ 次のア～オについて，正しいものには1を，誤っているものには2を記入しなさい。

ア　人事考課は，個々の従業員の勤務態度や業務での実績を通して，能力や適性などを調べ，それをもとに適正な人事配置などを行うことで従業員の能力の活用をはかるものである。

イ　人事考課の評価者については，直属の上司を第1次評価者とし，さらにその上司を第2次評価者とする複数評価者制度を活用することが必要である。

ウ　人事考課を人事配置や教育の参考資料とする場合には，勤務態度や業務実績に重点を置いて評価する必要がある。

エ　人事考課の評価項目は，仕事の遂行状況をみるものとしての業績考課，仕事の能力をみるものとしての能力考課の2つから構成されている。

オ　人事考課においては，評価期間が重要であり，その期間内の状況だけで評価することを厳重に守ることである。

POINT!! 解説

ア：人事考課は一般に，勤務状態や実績などを評価し，それを昇給や賞与に反映させるものと考えられている。

　　しかし，ハンドブックはこれに関し，「人事考課には個々の従業員の能力を正しく把握し，その能力を活用するという目的がある。したがって，人事考課は人事配置と教育に利用するのが本筋で，昇給や賞与への利用は2次的なものと考えるべきである」と述べている。

　　ハンドブックは，人事考課(Merit Rating)について，「能力評定，勤務評定，能力考課などと同じもので，従業員の業務遂行などの勤務内容を，その実績と能力などをもとに一定の方法で査定すること」と述べている。

イ：従業員の能力を把握するためには，評価の項目と評価の基準を定め，さらに誰がその評価をするかの評価者を決める必要がある。

　　評価者としては，従業員の直接の監督者，または管理者が最も適してい

る。しかし，直属の上司だけの評価では正しい評価ができないことから，直属の上司を第1次評価者とし，さらにその上司を第2次評価者とする複数評価者制度が採用されている。

ウ：人事配置や教育の参考資料とする場合には，人事考課を実施する際，能力そのものに重点を置いて評価する必要がある。また，賞与の配分の参考資料とする場合には，勤務態度や業務実績を中心に評価する必要がある。つまり，何を評価するかは，人事考課の結果を何に使用するかにより多少違ってくる。これを目的別人事考課という。

　　さらに，評価対象別に評価項目を実態に即して変えることも必要になる。これを対象別人事考課という。

エ：一般に評価項目は次の3つに大別できる。

　a 仕事の遂行状況をみるものとしての業績考課

　　・職務の達成度　・仕事の量(速さ)　・仕事の質(正確さ)

　b 仕事の能力をみるものとしての能力考課

　　・仕事の専門知識　　・判断力　・交渉力(説得力)

　　・創意力(創造性)　　・企画力(計画性)　・理解力

　　・指導力(統率力)　　・技能

　c 職務態度をみるものとしての態度(情意)考課

　　・規律　・勤勉さ　・積極性　・協調性　・責任感

　　ただ，これらの評価項目だけでは，すべてを統合した評価はできないため，これらのほかに「総合評価」という評価項目を設けるのが一般的である（ 試験に出た! ）。

オ：評価を行う場合に大切なことは，前もって期間を決めておくことである。また，その期間は，何に利用するかで違ってくる。たとえば，賞与の参考資料とする場合には，その期間は年2回については6月～11月末，12月～翌5月末となる。また，期間が年1回のケースも少なくない。なお，新入の従業員に対して見習い期間を設けている場合，採用直後から見習い期間終了時までの期間について人事考課を行うが，これを臨時考課という。

試験情報

　「人事考課」に関する問題は，第79回・第81回・第83回・第85回・第87回販売士検定試験で出題された。

正解　□ ア 1　□ イ 1　□ ウ 2　□ エ 2　□ オ 1

□ 次のア～オについて，正しいものには1を，誤っているものには
2を記入しなさい。

ア 人事考課の評価方法は，記録法，絶対評価法，相対評価法の3
つに大別できる。

イ 記録法は，絶対評価法や相対評価法を行う場合の前提として，
事実情報を記録するために利用される場合も多いが，記録法だけ
で人事考課を行う場合もある。

ウ 絶対評価法は，あらかじめ業務遂行上必要な基準を作成してお
き，この基準と比較して高いとか低いとか，などで評価する方法
である。

エ 絶対評価法は，基準が明確に作成されていれば，評価は客観的
にでき，評価結果を教育や配置などに利用するのに便利である。

オ 相対評価法は，絶対的な基準を設定する必要がないことから比
較的簡便にでき，労働条件が質的に異なる評価対象者間の比較も
できる。

POINT!! 解説

ア：いずれの方式にも長所と短所があるので，評価目的や評価対象に合わせ
て適切に選択することが肝要となる。

イ：記録法とは，勤務成績の状況を事実を示す資料によって客観的に記録し，
評価しようとする方法である。

ウ：基準は，たとえば，販売業務に携わる者ならこの程度の商品知識が必要と
いうことで定める。

エ：ただし，基準を明確に作成するのは容易ではなく，従業員の間に序列を
つけなければならない場合には，難しい。

オ：労働条件が質的に異なる評価対象者間の比較はできない。また，相対評
価法は，従業員間の序列をつける場合には便利だが，能力の育成や活用に
利用する場合(教育や異動配置などに利用する場合)には限界がある。

正解 □ ア 1 □ イ 1 □ ウ 1 □ エ 1 □ オ 2

実力養成問題 従業員の能力把握と人事考課(4)
人事考課(3)

□ 次のア～オは，人事考課における評価方式に関する事項である。
これに最も関係の深い文を下から選びなさい。

ア　減点法
イ　執務基準法
ウ　プロブスト法
エ　相対比較法
オ　分布制限法

①評価対象者を2人（または数人）ずつ組み，組ごとに誰が優れてい
るかを比較していき，これを順次繰り返して全体の能力の順位を
決める方式。
②評語群を合わせたセットを多数用意し，その中から必ず特定のセッ
トを選ぶ方式。
③要素ごとに成績にしたがって評価対象者全員を序列化し，順位を
決める方式。
④自動車運転免許（実技）試験などでも利用されている方式。
⑤成績，態度，能力，性格に関して具体的な多くの評語（短文）を任
意に並べ，該当するものを選ぶ方式。
⑥1つの集団ごとに，Aは全体の5％，Bは15％，Cは60％，D
は15％，Eは5％と，あらかじめ評価分布を限定しておく方式。
⑦基準以上をプラス，以下をマイナスとして符号をチェックし，総
合して評価する方式。
⑧要素ごとに標準的人物を選定しておき，この人物を標準にして各
人の評価を行う方式。

POINT!! 解説

上問に類似した問題は第37回販売士検定試験で出題された。その後も，
第43回，第81回，第83回，第87回の販売士検定試験でも出題された。

第1章　第2章　第3章　第4章　模擬テスト

表1　絶対評価法の手法

名　称	内　容
減点法	自動車運転免許（実技）試験などでも利用されている方式。
執務基準法	基準以上をプラス，以下をマイナスとして符号をチェックし，総合して評価する方式。
成績評語法 人物評語法	成績または人物を評価する評語をたくさん用意し，これらの評語を使って評価する方式。
プロブスト法	成績，態度，能力，性格に関して具体的な多くの評語（短文）を任意に並べ，該当するものを選ぶ方式。
強制択一法	評語群を合わせたセットを多数用意し，その中から必ず特定のセットを選ぶ方式。
図式尺度法	要素ごとにその段階の程度を示す目盛りを持った直線的尺度を用意し，該当する箇所をチェックする方式。
段階択一法	直線的尺度の代わりに段階的能力基準を示す短文を使う方式。
評語評価法	短文の代わりに「S・A・B・C・D」や「優・良・可・不可」などの符号（評語）を使う方式。

出所：『販売士ハンドブック（発展編）』

　先に述べたように，人事考課の評価方法は，記録法，絶対評価法，相対評価法の３つがある。

　記録法は，係長などが第一線で行う人事考課に適している。

　絶対評価法には，表１のようなものがある。これらのうち，段階択一法と図式尺度法は，課長などが行う第２次段階での人事考課に適している。

　また，問題文の②は「強制択一法」に関するものである。問題文の④は「減点法」，問題文の⑤は「プロブスト法」，問題文の⑦は「執務基準法」に関するものである。

　このタイプの問題を解く方法は，たとえば，「減点法といえば自動車運転免許」「執務基準法といえば基準以上をプラス，以下をマイナス」というように覚えておくことである。

表2 相対評価法の手法

名　称	内　　　容
相対比較法	評価対象者を2人（または数人）ずつ組み，組ごとに誰が優れているかを比較していき，これを順次繰り返して全体の能力の順位を決める方式。
人物比較法	要素ごとに標準的人物を選定しておき，この人物を標準にして各人の評価を行う方式。
分布制限法	1つの集団ごとに，Aは全体の5％，Bは15％，Cは60％，Dは15％，Eは5％と，あらかじめ評価分布を限定しておく方式。
成績順位法	要素ごとに成績に従って評価対象者全員を序列化し，順位を決める方式。
総合評価法	総合的に全体をみて概括的に順位づけを行う方式（オーバーオールレイティング）。
多項目総合評価法	総合評価をより正確にするために，多数の項目ごとに全体評価を行う方式。

出所：『販売士ハンドブック（発展編）』

　相対評価法には，表2のようなものがある。これらのうち，総合評価法や多項目総合評価法は，部長クラスが行う第3次段階での人事考課に適している。

　ハンドブックは，相対評価法について，「絶対的な基準を用意するのではなく，評価対象者間の優劣を評価し，序列をつけていく方法である。絶対的な基準を設定する必要がないため比較的簡便にできるが，主観的になりやすく，多人数の場合には序列がつけにくい」と述べている。

　また，問題文の①は「相対比較法」，問題文の③は「成績順位法」，問題文の⑥は「分布制限法」，問題文の⑧は「人物比較法」に関するものである。

第1章

第2章

第3章

第4章

模擬テスト

正　解　□ ア④　□ イ⑦　□ ウ⑤　□ エ①　□ オ⑥

□ 次の各文は,心理的誤差傾向に関する記述である。〔 〕に該当するものを下の語群から選びなさい。

(1)〔ア〕効果とは,何か1つ良いと,何もかもよく評価してしまうように,部分的印象で全体評価を行うエラーのことである。

(2)〔イ〕化傾向とは,評価するときにあまり優劣をつけず,評価が中央に集まってしまうエラーのこと。

(3)〔ウ〕化傾向とは,種々の思惑から評価が甘くなり,上位にシフトするエラーのこと。

(4)〔エ〕誤差とは,評価要素が近くに配列されていたり,あるいは時間的に近いと,各評価要素の評定結果が類似してしまうエラーのこと。

(5)〔オ〕誤差とは,自分が几帳面だと普通の人でもだらしなく見えるように,評価者自身の性格や能力や価値基準で,評価対象者をみることによって生じるエラーのこと。

〈語 群〉
①中心　　②対比　　③相乗　　④比例
⑤イメージ　⑥近接　　⑦寛大　　⑧微小
⑨ハロー　⑩中軸

POINT!! 解説

ア:ハロー効果が生じる背景には,「物事の一面を評価するあまり,その見方に先入観や偏りが入り込み,物事の本質を見極められなくなること」がある。

イ:中心化傾向は中央化傾向とも呼ばれる。これを防ぐには,従業員を指導・育成しようとする管理者としての自覚を高めること,などが挙げられる。

ウ:寛大化傾向を防ぐには,評価基準を明確にすることなどが挙げられる。

エ:近接誤差を防ぐには,人事考課票の見直しなどが挙げられる。

オ:対比誤差を防ぐには,評価者訓練などが挙げられる。

正解 □ ア⑨ □ イ① □ ウ⑦ □ エ⑥ □ オ②

表　人事考課における心理的誤差傾向

名　称	意味とエラー対策
ハロー効果	何か１つよいと，何もかもよく評価してしまうように，部分的印象で全体評価を行うエラーのこと。 エラー対策…評価要素の一つひとつを間違いなく理解すること，事実にもとづくこと，先入観の排除などが重要である。
寛大化傾向	種々の思惑から評価が甘くなり，上位にシフトするエラーのこと。 エラー対策…評価基準（たとえば，評語の段階の基準）を明確にしていること，評価者が自信を持つこと，評価は育成のために行うという意識をしっかりと持つことなどが重要である。
中心化傾向 （中央化傾向）	評価するときにあまり優劣をつけず，評価が中央（たとえば，５段階評価の３の評価）に集まってしまうエラーのこと。 エラー対策…従業員を指導・育成しようとする管理者としての自覚を高めること，評価者が自信を持つこと，評定の分布制限を行うことが重要である。
対比誤差	自分が几帳面だと普通の人でもだらしなくみえるように，評価者自身の性格や能力や価値基準で，評価対象者をみることによって生じるエラーのこと。 エラー対策…評価者訓練などを通じて評価基準を十分に理解し，評価者の主観的な評価基準を修正することが重要である。
近接誤差	評価要素が近くに配列されていたり，あるいは時間的に近かったりしていると，各評価要素の評定結果が類似してしまうエラーのこと。 エラー対策…人事考課票の見直しを実施すること，評価者に評価要素ごとに被評価者を評価することを理解させ，厳守させることが重要である。

出所：『販売士ハンドブック（発展編）』

□ 次のア～オについて，正しいものには1を，誤っているものには
2を記入しなさい。

ア　人事考課で評価する能力とは，職務遂行に関連した能力であ
る。しかも，たとえば，昇進に役立てるためには，管理者の代行
をさせてみて，それをよく観察して評価する必要がある。

イ　日本では多くの職場で"同一労働同一賃金"の賃金体系がとられ
ていないので，賞与や昇給の参考資料とすることが多い業績評価
では，評価基準も個々の従業員の賃金水準や経験年数により変え
る必要がある。

ウ　勤務態度評価の際に留意することは，職務遂行に無関係な私生
活上の態度などを評価に反映させてはならないことである。

エ　勤務態度評価において，その人の業績と勤務態度との間に対応
関係があるような評価をすることは一般に適当であるとされる。

オ　人事考課の評価を調整する方法として，会議式調整法と統計的
調整法があるが，いずれの方法も一長一短がある。

POINT!! 解説

ア：能力評価の際の留意点に関する記述である。職務遂行の能力をみるとき
は，その職務に関連した職位につかせて，そこでの仕事ぶりをチェックし
なければならないというもの。また，ハンドブックは，「仕事の中で難し
いものをどれだけ独力で処理できるか，をよく観察して評価しなければな
らない」と述べている。

イ：業績評価の際の留意点に関する記述である。業績評価は，評価期間中の
業績を質と量との両面で評価するものであるが，ここで難しいのは評価基
準である。「同一労働同一賃金」といった原則が確立されているのなら，同
じ仕事をしている者は同じ評価基準で評価しなければならない。しかし，
日本の職場ではこうした原則の賃金体系がとられていないので，評価基準
も個々の従業員の賃金水準や経験年数で変えなければならないということ。

ウ：勤務態度評価の際の留意点に関する記述である。職務遂行に無関係な私
生活上の態度のほか，職務遂行に関係しても評価期間以前の態度は評価に
反映させてはならない，ことになっている。

エ：これも勤務態度評価の際の留意点に関する記述である。勤務態度評価で
の過ちは「業績の高い者は勤務態度も積極的であるというように，業績と
態度との間に対応関係があるように評価してしまうこと」である。これを
"論理的誤差"というが，業績が高くても勤務態度の悪い者もいれば，その
逆もあるので，論理的誤差を生じさせないようにする必要があるというこ
と。

オ：評価結果の調整に関する記述である。会議式調整法とは，各評価者と調
整者が集まり，その席で評価者，調整者が討議をしながら，評価結果を調
整していく方法である。

　統計的調整法には，次のような方法などがある。

・平均点をいくらにするようにとあらかじめ平均点を規制する方法

・正規分布になるように，最上位に評価される者は何％，中位に評価する
者は何％というように，あらかじめ枠をはめる方法

正　解　□ ア 1　□ イ 1　□ ウ 1　□ エ 2　□ オ 1

従業員の能力把握と人事考課(7)
人事考課(6)

□ 次の各文の，ア～オの〔　　　〕に該当する語句を記入しなさい。

・人事考課制度は，評価期間中の成績を〔　ア　〕という「他人」が評価するものである。そこには，自ずと一定の限界がある。そこで，考課対象者本人の参画による自己評価を何らかの形で付加するために〔　イ　〕制度を設け，人事考課の補完的役割を持たせる必要がある。

・〔　ウ　〕とは，組織が求める経営方針に沿って，経営者や管理者としての能力，資質，適性などを〔　エ　〕学理論にもとづいて客観的に診断する方法のことである。

・〔　ウ　〕の手法では，人間の潜在能力や資質が外面の態度や行動として表れやすい状況を〔　エ　〕的配慮のもとに設定し，特別に訓練を受けた〔　オ　〕が参加者を多面的に観察し，その結果を人事施策や能力開発に活用していく。

POINT!! 解説

　　上文は，「自己申告制度とヒューマンアセスメント」に関する記述である。

アとイ：〔　ア　〕には「評価者」，〔　イ　〕には「自己申告」が入る。自己申告制度とは，従業員自身から自己の能力，適性，意見，希望などを申告させるもので，評価者が評価を実施する前に提出させ，評価者の適正な評価を補完させるための資料とする。

　　また，自己申告書の提出により，上司は人材の発見や指導の必要点の把握，適正配置のための資材を得られる。

ウ・エ・オ：〔　ウ　〕には「ヒューマンアセスメント」，〔　エ　〕には「心理」，〔　オ　〕には「アセッサー」が入る。ヒューマンアセスメントも自己申告制度と同様，人事考課の補完的役割を担っている。

正解　□ ア 評価者　　□ イ 自己申告　　□ ウ ヒューマンアセスメント
　　　□ エ 心理　　　□ オ アセッサー

記述式穴埋問題（1）　*キーワードは**これだ！***

> 次の各問の〔　　〕の部分にあてはまる最も適当な語句・短文を記入しなさい。

① 管理者は自分の役割が何であるかを十分理解しておく必要がある。管理者が果たさなければならない役割のことを〔　　〕という。

```
┌───────────────────────────┐
│                           │
│                           │
└───────────────────────────┘
```

② 従業員管理を推進するうえでの注意点としては，(1)組織運営の目的，方針を周知徹底する，(2)〔　ア　〕を充実させる，(3)従業員間の〔　イ　〕を日ごろから作っておく，(4)仕事の結果をきちんと公正に評価する，の4点が挙げられる。

```
┌──────────────┐  ┌──────────────┐
│ ア           │  │ イ           │
└──────────────┘  └──────────────┘
```

③ J.H.〔　ア　〕は，管理職能の実行プロセスを，計画，〔　イ　〕，〔　ウ　〕，〔　エ　〕，調整，統制の6つに分けた。

```
┌──────────────┐  ┌──────────────┐
│ ア           │  │ イ           │
└──────────────┘  └──────────────┘
┌──────────────┐  ┌──────────────┐
│ ウ           │  │ エ           │
└──────────────┘  └──────────────┘
```

④ ボトムアップ方式と集団主義は，いまや日本の組織運営の特質となっている。こうしたことを基盤として経営組織内で発達してきたのが〔　ア　〕である。〔　ア　〕には，〔　イ　〕サークル，〔　ウ　〕サークル，考える集団などがある。〔　イ　〕は無欠点運動の意味であり，〔　ウ　〕は品質管理の意味である。

```
┌──────────────┐  ┌──────────────┐
│ ア           │  │ イ           │
└──────────────┘  └──────────────┘
                  ┌──────────────┐
                  │ ウ           │
                  └──────────────┘
```

⑤　自主的，かつ，意欲的に働いてもらうためには，従業員に勤労意欲を持た
せることと同時に，組織に対する〔　　〕を抱かせることが必要である。この
意識が低ければ，働く意欲の高い者でもその組織のために働くという気持ち
は持てず，やがてその組織から離れていってしまう。

⑥　人の能力は一般的には，〔　ア　〕能力（知識と知能），〔　イ　〕能力（機械
や器具を操作する能力など），〔　ウ　〕能力（肉体的な能力），精神的能力の4
種類に大別されるが，実際の職場で仕事をするのに必要な能力は，大部分は
〔　エ　〕な能力である。

ア	イ
ウ	エ

⑦　人事考課の評価項目には，仕事の遂行状況をみるものとしての〔　ア　〕，仕
事の能力をみるものとしての〔　イ　〕，職務態度をみるものとしての〔　ウ　〕
の3つがある。しかし，こうした評価項目だけではすべてを統合した評価は
できないので，〔　エ　〕といった評価項目を設け，統合的な評価を行っている。

ア	イ
ウ	エ

⑧　人事考課の評価方法は，〔　ア　〕，〔　イ　〕，〔　ウ　〕の3つに大別できる。
〔　ア　〕は，勤務成績の状況の事実を示す資料によって客観的に記録し，評
価する方法である。〔　イ　〕は，業務遂行上必要な基準をあらかじめ作成し
ておき，その基準と比較して評価する方法である。

ア	イ
	ウ

⑨　絶対評価法にはいくつかの手法がある。これらのうち，〔　ア　〕は自動車運転免許(実技)試験などでも利用されている方式であり，〔　イ　〕は基準以上をプラス，以下をマイナスとして符号をチェックし，総合して評価する方法である。

ア	イ

⑩　相対評価法にはいくつかの手法がある。これらのうち，〔　ア　〕は要素ごとに標準的人物を選定しておき，この人物を標準にして各人の評価を行う方式である。また，〔　イ　〕は要素ごとに成績に従って評価対象者全員を序列化し，順位を決める方式である。

ア	イ

⑪　人事考課の際に，評価者が陥りやすい心理的誤差傾向にはいくつかの種類がある。これらのうち，〔　ア　〕とは，何か1つよいと，何もかもよく評価してしまうというエラーのことである。また，〔　イ　〕は，評価者自身の性格や能力や価値基準で評価対象者をみることによって生じるエラーのことである。

ア	イ

⑫　勤務態度評価での過ちは，業績の高い者は勤務態度のほうも“積極性があった”というように，業績と態度との間に対応関係があるように評価してしまうことである。これを〔　　〕と呼ぶ。

⑬　人事考課は評価基準が決められていても，普通，評価に甘辛などが生じる。そのため，この不均衡を是正するため調整が行われることになるが，調整には〔　ア　〕と〔　イ　〕がある。〔　ア　〕は各評価者と調整者が集まり，評価結果を調整する方法である。

ア	イ

⑭ 〔 ア 〕制度とは，従業員自身から自己の能力，適性，意見，希望などを
申告させるもので，評価実施前に〔 イ 〕を提出させ，評価者の適正な評価
を補完させるものである。

ア	イ

⑮ 〔 ア 〕とは，スパイ選抜のために生まれたプログラムで，第2次世界大戦後，
アメリカで管理者選抜，能力開発の手法として広く普及した。また，〔 イ 〕
は〔 ア 〕での観察・評価者のこと。参加者の言動や記述を分析し，能力評価
を行う専門家である。

ア	イ

⑯ 絶対評価法にはいくつかの手法がある。これらのうち，〔 ア 〕は成績，態
度，能力，性格に関して具体的な多くの評語(短文)を任意に並べ，該当するも
のを選ぶ方式である。また，〔 イ 〕は要素ごとにその段階の程度を示す目盛
りを持った直線的尺度を用意し，該当する箇所をチェックする方式である。

ア	イ

⑰ 相対評価法にはいくつかの手法がある。これらのうち，〔 ア 〕は総合的
に全体をみて概括的に順位づけを行う方式である。また，〔 イ 〕は総合評
価をより正確にするために，多数の項目ごとに全体評価を行う方式である。

ア	イ

⑱ 人事考課における心理的誤差傾向にはいくつかの種類があるが，これらの
うち，〔 ア 〕は種々の思惑から評価が甘くなり，上位にシフトするエラー
のことである。また，〔 イ 〕は評価するときにあまり優劣をつけず，評価
が中央に集まってしまうエラーのことである。

ア	イ

正解＆解説

①管理職能

解説 「職能」とは，一定の目的を果たす仕事のことをいう。企業組織における職能をタテに分けると，経営，管理，作業という職能がある。また，ヨコに分けると，購買，生産，販売などの職能がある。

②アー従業員教育　イー協力体制

解説 本文で述べたように，ハンドブックは，従業員管理について，「従業員管理を店舗経営に役立てる方法は，業務の種類や内容，従業員の能力や欲求などによって異なる。したがって，職場ごとに，従業員ごとに，最もよい方法を管理者自身が見いだしていかなければならない」と述べている。

③アーファヨール　イー組織化　ウー動機づけ　エー指令

解説 ファヨールは，科学的管理法を提唱したアメリカのテイラーと並んで，経営学のパイオニア的存在である。ファヨールはフランスの鉱山経営者で，管理過程論を創始した。

④アー小集団活動　イーZD　ウーQC

解説 ZD運動は無欠点運動のことで，この運動は各自の自発性を喚起させ，仕事の欠陥をなくすように動機づける全社的運動へと展開することになる。

⑤帰属意識

解説 ハンドブックは，人が1つの組織に対して帰属意識を抱く条件を5つに分類している。本書ではそれをP30に掲載しているので，よくチェックしておこう。

⑥アー知的　イー技術的　ウー身体的　エー総合的

解説 知的能力，技術的能力などをある程度まで客観的に把握する方法は確立されているが，それらを総合した能力を客観的に把握する方法は現在のところ存在しない。

⑦アー業績考課　イー能力考課
ウー態度(情意)考課　エー総合評価

解説 人事考課に関する問題は頻出問題の1つなので，しっかり準備しておこう。業績考課は仕事の遂行状況をみるものであるが，具体的には職務の達成度，仕事の量(速さ)，仕事の質(正確さ)がチェックされる。能力考課と態度考課については，P33を見てもらいたい。

⑧アー記録法　イー絶対評価法　ウー相対評価法

解説 記録法，絶対評価法，相対評価法のいずれの方式も長所と短所が
あるので，評価目的や評価対象に合わせて適切に選択する必要がある。

⑨アー減点法　イー執務基準法

解説 減点法とは，100％の状態から，ミスなどが生じると，そのつど
減点して，残った点数が基準に達していればOKという方法である。

⑩アー人物比較法　イー成績順位法

解説 人物比較法と混同しやすいのが，相対比較法である。相対比較法
は評価対象者を2人(または数人)ずつ組み，組ごとに誰が優れてい
るかを比較していき，これを順次繰り返して全体の能力の順位を決め
る方法である。

⑪アーハロー効果　イー対比誤差

解説 「人事考課における心理的誤差傾向」に関する問題も，「絶対評価
法」「相対評価法」と同様によく出題される。

⑫論理的誤差

解説 ハンドブックは，論理的誤差について，「考課者が，考課要素間
の論理的な関連性を見いだして，同一や類似の評価をする傾向のこ
と」と述べている。

⑬アー会議式調整法　イー統計的調整法

解説 統計的調整法もいろいろな方法があり，i)平均点を前もって決め
ておく方法，ii)最上位に評価される者は何％，中位に評価する者は
何％というように，あらかじめ枠をはめておく方法，などがある。

⑭アー自由申告　イー自己申告書

解説 「評価実施前」の箇所に空欄が設けられることも考えられる。

⑮アーヒューマンアセスメント　イーアセッサー

解説 ヒューマンアセスメントは，人事考課では見極めることができな
い潜在的な能力や資質について，社外の外部機関に評価を委託する
ことで，将来の異質業務への担当能力を判断してもらうものである。

⑯アープロブスト法　イー図式尺度法

解説 プロブスト法のメリットは，評価誤差(ハロー効果，寛大化傾向，
中心化傾向など)を防止できること。デメリットは，実行するまでに
時間がかかること。プロブスト法は多くの企業で採用されている。

⑰ア－総合評価法　　イ－多項目総合評価法

解説 部長クラスが行う第3次段階での人事考課は，総合評価法や多項目総合評価法が適している。

⑱ア－寛大化傾向　　イ－中心化傾向（中央化傾向）

解説 寛大化傾向の対策としては，評価基準を明確にしていること，などが挙げられる。

□ 次の文中の〔 〕の部分に，下記の語群のうち最も適当なものを選びなさい。

　　能力開発の方法を教育担当者別に類別すると，(1)職場の管理者が行う〔 ア 〕，(2)教育専門家などが行う〔 イ 〕，(3)職場内能力開発を意味する〔 ウ 〕，(4)自分を高める自己啓発，の4つがある。

　　〔 ア 〕のメリットとしては〔 エ 〕などがあり，〔 イ 〕のデメリットとしては〔 オ 〕などがある。

　　なお，職能別では，販売業務，技術業務，事務業務，管理業務など，仕事の専門分野ごとに各々体系的な教育体系がある。

〈語 群〉

① BCP　　　② OJD　　　③ OJT

④ Off-JD　　⑤ Off-JT

⑥他者と自分を比較し，自分の現時点での実力が確認できる

⑦コミュニケーションや信頼関係の醸成がはかれる

⑧研修効果の確認が難しい

⑨指導が場当たり的，無計画的になりやすい

⑩上司の意識や指導技術に左右される

POINT!! 解説

　　ハンドブックでは，「職場の教育訓練」の冒頭において，「今日の小売業を取り巻く環境の変化は目まぐるしく，必要とされる知識や技術もどんどん新しくなる。たとえ人事異動がなく，同じ業務を分担している従業員でも，常に新しい能力を身につけることが不可欠となっている」と述べている。つまり，小売業においても，能力開発の重要性はますます増しているということである。

　　また，「従業員の教育にあたっては，従業員に能力開発の必要性を強く感じさせる職場環境づくりが何よりも大切である」と述べている。

ア：OJT は「職場内教育訓練」ともいわれているもので，上司が部下に対して，業務を通じて計画的に必要な知識，技能，問題解決能力および態度について実施する教育訓練である。

　　ハンドブックは，OJT（On the Job Training）について，「通常の業務の中で，上司や先輩社員などが教える側となり，部下や新入社員に実務的な知識やノウハウを伝えること」と述べている。

イ：Off-JT は「職場外教育訓練」ともいわれるもので，集合教育や通信教育，講習会など，業務遂行の過程外で行われる訓練である。

　　ハンドブックは，Off-JT（Off the Job Training）について，「現場を離れて社外の1か所に従業員を集合させ，知識や技能を総合的に学ばせる教育方法のこと」と述べている。

　　なお，OJT と Off-JT は対立する概念と考えがちであるが，そうではなく，両者は相互補完的な関係にあると考えるべきである。

ウ：OJD（On the Job Development）は一般に「職場内能力開発」と訳されている。OJD は OJT から派生した概念であるが，両者の違いは，OJT が主に現状のルーティーンワークの習得をねらいとしているのに対し，OJD は現状だけでなく，将来を見据えた知識とスキルなどの習得をねらいとしている。

　　そのため，OJD のトレーニングの内容は次のようなものとなる。

・自分自身で効率的作業手順を考えたり，よいアイデアを生み出すことができる人材を育成する。

・将来的には，自分のキャリアプランやキャリア目標を立て，自社の経営戦略の立案などにも参加できるような人材を育成する。

　　ハンドブックでは，OJD のメリットとデメリットとして，それぞれ次のものを挙げている。

＜メリット＞

・"所属している会社を育てよう，大切にしよう"という気持ちを抱けるような社員に育成することができる。

・スキルだけでなく，マネジメントの指導を行うため，対象者は OJD へ積極的に参加できる。

・新入社員へのフィードバックの機会を頻繁に持てるため，コミュニケーションが強化できる。

・マネジメントを行う部署の負担を軽減することができる。

<デメリット>

　・結果がすぐに表れない。

　・多くの業務時間を対象者の教育に費やす必要がある。

　・指導者の能力によって，対象者の能力開発度合いに差が生じる。

エとオ：表1から〔　エ　〕には⑦が入ることがわかる。表2から〔　オ　〕に
は⑧が入ることがわかる。

表1　OJTのメリット・デメリット

メリット	デメリット
・業務の改善や効率化につながる。 ・コミュニケーションや信頼関係の醸成がはかれる。 ・個々のレベルに合わせた育成ができる。 ・仕事に密接した指導育成ができる。 　　　　　　　　　　　　　　　　など	・指導が場当たり的，無計画的になりやすい。 ・指導時間がとりにくい。 ・上司の意識や指導技術に左右される。 　　　　　　　　　　　　　　　　など

表2　Off-JTのメリット・デメリット

メリット	デメリット
・他者と自分を比較し，自分の現時点での実力が確認できる。 ・仕事を離れて学習に集中できる。 ・多人数を一度に指導できる。 ・理論的，体系的な仕事ができるようになる。 　　　　　　　　　　　　　　　　など	・研修効果の確認が難しい。 ・受け身の研修になりやすい。 ・時間とコストが多くかかる。 ・一般的，抽象的になりやすい。 　　　　　　　　　　　　　　　　など

出所：『販売士ハンドブック（発展編）』

正解　□ ア③　□ イ⑤　□ ウ②　□ エ⑦　□ オ⑧

実力養成問題 職場の教育訓練(2)
教育内容別にみた能力開発(1)

□ 次のア～オのうち，正しいものには1を，誤っているものには2
を記入しなさい。

ア　能力開発の方法を教育内容別に分類すると，「知識に関する教
育」「技能に関する教育」「態度に関する教育」「問題解決に関する教
育」の4つがある。

イ　知識的な教育では講義法が中心となる。課題を与えて各自に調
べさせ，報告させるとか，皆でその課題について討議させるとい
った方法を使う。

ウ　技能に関する教育では，基本的な技能を身につけさせる段階で
は講義法が中心になるが，理解を深めるためには討議法を，ま
た，動作単位を組み合わせた応用動作などには実習法を用いるの
が効果的である。

エ　態度に関する教育でいうところの「態度」とは，知性と行動とを
全体としてコントロールする恒常的な傾向性をいい，心的態度と
も呼ばれる。

オ　問題解決能力を高める教育の1つである「問題解決のプロセス」
は，問題点の発見，発生原因の究明，解決手段の考案という3つ
の段階から成る。

POINT!! 解説

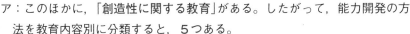

ア：このほかに，「創造性に関する教育」がある。したがって，能力開発の方
法を教育内容別に分類すると，5つある。

イ：ハンドブックは，これに続いて，「また，あらかじめ完全にプログラム
されたテキストを用いてステップごとに理解させていくプログラムド・イ
ンストラクションや，抽象的な概念を理解させるためにひな型状況をつく
って実証してみせるデモンストレーション，見学も役立つ」と述べている。
　　なお，「知識に関する教育」では，「教える知識を理解しやすい順序に配
列し，一度に覚えられる長さに分け，それらを正しく理解できたかどうか
を1つひとつ確かめながら教育していくこと」が基本となる。

ウ：「技能に関する教育」では，基本的な技能を身につけさせる段階では実習法が中心になるが，理解を深めるためには講義法を用いるのが効果的であるとされている。また，動作単位を組み合わせた応用動作などには討議法を用いる。

　　なお，「技能に関する教育」では，「教育する技能をいくつかの動作単位に分け，各動作単位がそれぞれ正確に行えるように練習を積ませる。慣れたら，いくつかの動作単位を連続してやらせるようにして進めていくこと」が基本となる。

エ：組織や職場の一員として勤務する以上，好ましい勤務態度がとれるように教育するのは重要なことである。

　　ハンドブックでは，態度の教育は，知識（ないし情報）と感情の両面を重視した方法が重要であり，一般的には次の方法などがあるとしている。
　　　a 習得させるべき態度を明確にする
　　　b その態度の意味づけを明確にする
　　　c その態度に深い関連を持った経験を積ませる

オ：ハンドブックは，これに関連し，次のように述べている。

　　「この3段階を十分に活用できるようにするためには，まず，その問題を取り巻く状況全体を正しく把握するためにはどのような情報が必要か，また，その情報の集め方を教育する。全体の把握ができたなら，これを分析して真に解決すべき問題は何かを明確にできるような（問題設定の仕方の）指導をする。その問題を解決するために必要な情報は何かを考えさせるとともに，その解決方法をいくつか考えさせる。」

実力養成 問題 職場の教育訓練(3)
教育内容別にみた能力開発(2)

□ 次の文中の〔 〕の部分に，下記の語群のうち最も適当なものを選びなさい。

　　〔ア〕の教育は，人格(パーソナリティ)の形成と深い関連を持ち，人格は他人との接触を通じて形成されることが多いため，集団技法が有効である。

　　集団技法は，集団討議法と集団〔イ〕法に大別できる。集団討議法には，固定的なルールを設けずに自由に話し合う自由討議法や，代表者が討議をした後で全体で討議する〔ウ〕討議法などがある。

　　一方，集団〔イ〕法には，〔エ〕，〔オ〕などがある。〔エ〕は，あらゆる集団帰属関係を切り離した文化的孤島の状況をつくり出し，集団参加へのフラストレーションを利用して対人的共感性に気づかせたり，集団の機能についての洞察を行わせるものである。〔オ〕は，リーダーシップの行動スタイルを「人間に対する関心」と「業績に対する関心」という2つの軸で評価し，5類型に分類し，その人のリーダーシップのタイプを確認し，改善するというものである。

〈語　群〉
①パネル　　　②管理　　　③ロールプレーイング
④態度　　　　⑤知識　　　⑥職場ぐるみ訓練
⑦マネジリアルグリッド　　　　　⑧決定
⑨センシティビティ・トレーニング　　　⑩裁量

POINT!! 〉解説

ア：人間関係論や行動科学の研究成果では，従業員の態度(価値観)の変容には，周りの集団とのコミュニケーションが有効であるとされている。

イとウ：集団技法は，集団討議法と集団決定法に大別できる。そして，集団討議法には，自由討議法，パネル討議法などがある。

エ：「センシティビティ・トレーニング」(ST)が入る。ハンドブックでは，ST（Sensitivity Training)について，「感受性訓練のこと。職業，年齢，地位など，性質の異なる者で構成し，テーマや訓練日程もなく，ただ集まっ

て過ごすうちに訓練者がありのままの自分を吐露し，仮面を脱ぎ捨てる」
(試験に出た!)と述べている。

オ：「マネジリアルグリッド」が入る。ハンドブックでは，マネジリアルグ
リッド（Managerial Grid）について，「管理者が備えなければならない「業
績」と「人間」への関心を類型化し，表現したもの(試験に出た!)。すなわち，
業績と人間という２つの要素に対して，管理者がどの程度関心を持ってい
るかを縦横両軸で構成した格子状の図表上に位置づけ，管理者のタイプを
５つに類型し，表現したもの。」と述べている。管理者の５つのタイプを図
示すると，下図のようになる。

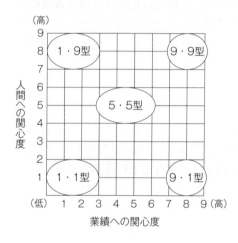

〈5つのタイプ〉
１・１型…業績にも人間にも無関心
な放任型リーダー（無気力型管理）
１・９型…業績を犠牲にしても人間
への関心が強い人情型リーダー
（カントリークラブ型管理）
５・５型…業績にも人間にもほどほ
どの関心を示す妥協型リーダー
（中道型管理）
９・１型…人間を犠牲にしても業績
最大化への関心が強い権力型リー
ダー（課業型管理）
９・９型…業績にも人間にも最大の
関心を示す理想型リーダー（チー
ム型管理）

なお，集団決定法には，センシティビティ・トレーニング，マネジリア
ルグリッドのほかに，ロールプレイング，職場ぐるみ訓練がある。

ロールプレイング（Role Playing）とは，役割演技法と訳されるもので，
「たとえば，自分が販売員だったら，顧客だったらどうするかをあらかじ
め想定し，実際にその役割を演じて，相手の出方や感情，あるいは応対の
実技などを体得していくもの」である。

職場ぐるみ訓練について，ハンドブックでは，「ST を実際の職場全員に
適用したトレーニング。１つの職場を単位としてその職場のトップがリー
ダーとなり，自分の職場の問題点に焦点を合わせて，組織開発を進める」
と述べている。

正解　□ ア④　□ イ⑧　□ ウ①　□ エ⑨　□ オ⑦

実力養成問題　職場の教育訓練(4)
教育内容別にみた能力開発(3)

□ 次のア〜オは，能力開発方法に関する記述である。これらに最も
　関係の深いものを下の語群から選びなさい。

ア　ブレーンストーミングなどによって得られた発想を整序し，問
　　題解決のヒントや糸口を導き出すもの。

イ　多数の未決裁の書類を短時間に問題解決させて，既決箱に入れ
　　させていくもの。

ウ　事例を与えて解決策を出させ，それを集団で討議するもの。

エ　アイデアを生み出すための手法の1つ。数名が集まり，特定の
　　テーマについて思いついたことを自由に話し合い，具体的な方法
　　を見つけ出すこと。

オ　経営のモデルを使って意思決定させ，成績を競わせるもの。

〈語　群〉
①等価変換的思考法　　　　　②ロールプレイング
③インバスケット法　　　　　④KJ法
⑤ケーススタディメソッド　　⑥課題法
⑦ブレーンストーミング　　　⑧ビジネスゲーム

POINT!! ＞ 解説

「問題解決のための教育方法」には，次のものがある。

・事例研究法(ケーススタディメソッド)

・課題法(プロジェクト法) 試験に出た！

・インバスケット法(イントレイ法) 試験に出た！

・ビジネスゲーム(マネジメントゲーム) 試験に出た！

「創造性の教育に役立つ教育方法」には，次のものがある。

・ブレーンストーミング

・等価変換的思考法 試験に出た！

・KJ法 試験に出た！

・集団技法 試験に出た！

・小集団活動

第1章

第2章

第3章

第4章

模擬テスト

能力開発方法に関する問題は頻出問題の1つといえる。

〈第38回販売士検定試験〉

　「センシティビティ・トレーニング（ST）」「マネジリアル・グリッド」「イン・バスケット法」「等価変換的思考法」「KJ法」が正誤問題の形式で出題された。

〈第40回販売士検定試験〉

　「プロジェクト法」「イン・バスケット法」「マネジメントゲーム」が記述式問題で出題された。

〈第41回販売士検定試験〉

　「KJ法」「センシティビティ・トレーニング」「マネジリアル・グリッド」「イン・バスケット法」が択一式（8つの中から1つ選ぶ）の形式で出題された。

〈第43回販売士検定試験〉

　「プログラムド・インストラクション」「シミュレーター訓練」「ロールプレイング」「マネジリアルグリッド」「等価変換的思考法」が正誤問題の形式で出題された。

〈第83回販売士検定試験〉

　「センシティビティ・トレーニング」「マネジリアル・グリッド・セミナー」が記述式問題で出題された。

〈第85回販売士検定試験〉

　「イン・バスケット法」が記述式問題で出題された。

◆課題法（プロジェクト法）

　日常業務に密着した課題を与えて，問題解決のための行動訓練をさせるもの。

◆等価変換的思考法

　アナロジー（類推）の論理を利用した流れ図を習得・応用させるもので，異なるものの中に存在する同じものを発見することにより，新しいものの創造へと発展させる方法である。

正解　□ ア④　□ イ③　□ ウ⑤　□ エ⑦　□ オ⑧

実力養成問題 職場の教育訓練(5)
中・長期的人材育成(1)

□ 次の文中の〔　〕の部分に，下記の語群のうち最も適当なものを選びなさい。

　　従業員の中・長期目標に合わせて能力開発を推進する方法を〔ア〕計画，略して〔イ〕という。その基本的な考えは，日本企業の慣行である〔ウ〕を通じた長期の人材育成方式を，個人の〔エ〕も入れて計画的に実施することである。

　　〔イ〕とは，1人ひとりの従業員について，企業の〔オ〕と本人の〔エ〕とを突き合わせて長期的なキャリア育成プランを作成し，その計画に沿ってローテーション，教育訓練を実施する仕組みのことである。

〈語　群〉
①CDP　　　　②配置転換　　　③人材ニーズ
④CSP　　　　⑤自分史開発　　⑥力量
⑦人事管理　　⑧経歴開発　　　⑨昇進　　　⑩希望

POINT!! ▶解説

　　従業員の中・長期目標に合わせて能力開発を推進する方法を経歴開発計画（キャリア・ディベロップメント・プログラム），略してCDPという。

　　ここで注意することは，この経歴開発計画は企業の中・長期計画にもとづいたものであるということ。つまり，企業がまず中・長期計画を従業員に示し，従業員がそれにもとづき，将来どのような仕事をしたいか，あるいはどのような地位に就きたいかという個人の中・長期目標を立てる。そして，それに合わせて能力開発を推進するものである。

　　経歴開発計画の基本的考えは，日本企業の慣行である配置転換を通じた長期の人材育成方式を，個人の希望も入れて計画的に実施することである。したがって，CDPでは，企業の人材ニーズと本人の希望とを突き合わせて長期的なキャリア育成プランを作成することになり，それをベースにローテーション（昇進，配置転換，職務変更）や教育訓練がなされることになる。

正解　□ ア⑧　□ イ①　□ ウ②　□ エ⑩　□ オ③

□ 次のア〜オは，CDP（キャリア・ディベロップメント・プログラム）の基本的要素に関する記述である。正しいものには1を，誤っているものには2を記入しなさい。

ア　CDP の基本的要素は，キャリアレベルの設定，キャリアパスの設定，評価・面談制度，異動と訓練計画の4つである。

イ　キャリアレベルの設定とは，職能域（キャリアフィールド）ごとに，初級，中級，上級の3つに分けてキャリアを設定することである。

ウ　キャリアパスの設定とは，職能域別に，その職務からどの職務に異動昇進できるかという「経路（パス）」を明確にすることである。

エ　評価・面談制度では，これまでの業績を評価し，それをもとに企業の人材ニーズと本人の希望とを突き合わせて，短期と長期の目標を設定する。

オ　異動と訓練計画においては，初級から上級レベルに至るまでの個人別配置異動計画と訓練計画を作成し，それらを実施する。

POINT!! 解説

ア：CDP の基本的要素は次の4つであるので，よく覚えておこう。
- ・キャリアレベルの設定
- ・キャリアパスの設定
- ・評価・面談制度
- ・異動と訓練計画

イ：キャリアレベルは，職能域（キャリアフィールド）ごとに，初級，中級，上級，エグゼクティブの4つに分けられている。

ウ：ハンドブックは，キャリアパス（Career Path）について，「ある職位や職務に就任するために必要な業務経験とその順序，配置異動のルートの総称」と述べている。キャリアパスが明確でないと，従業員もどのような能力を身につける必要があるかなどを見いだせないことになる。

エ：CDP の特徴の１つは，長期の人材育成を個人の希望も入れて計画的に実施することにあるので，"面談制度"は不可欠なものとなる。

オ：「初級から上級レベル」ではなく，「初級からエグゼクティブレベル」が正しい。

　また，ハンドブックでは，CDP を実施するうえでの留意点として，次のものを挙げている。

　　(ⅰ)　各種の目標に到達するためのさまざまな「経路（パス）」をつくり，公表し，従業員がその中から，自身で選択できるようにしておく。

　　(ⅱ)　従業員が選択した目標や「経路（パス）」が，その従業員の適性からみて難しい場合は，管理者が説得・指導して，より適したものを選択させる。

　　(ⅲ)　定期的に従業員が選択した「経路（パス）」の変更をする機会を与える。

　　(ⅳ)　適当な時期を捉えて，従業員を配置転換しながら，従業員が希望し，企業としても必要とする能力の習得をさせる。

　　(ⅴ)　従業員の一人ひとりが，配置された職場で特に開発すべき能力をはっきりと意識して行動するように指導する。

正解　□ ア 1　□ イ 2　□ ウ 1　□ エ 1　□ オ 2

職場の教育訓練(7)
管理者によるカウンセリング

□ 次のア〜オについて，正しいものには1を，誤っているものには2を記入しなさい。

ア 従業員が職場環境の変化などにうまく適応できず悩みなどを抱えている場合，その解決策としては管理者によるカウンセリングが効果的である。

イ 管理者の行うカウンセリングは，いかなる場合にも，最終的にはどう行動するか，どう解決するかは従業員自身が決定するように対応していく必要がある。

ウ カウンセリングには，非指示的方法と指示的方法の2つがあるが，非指示的方法はカウンセラーを中心とする技法である。

エ 非指示的方法はよく採用されているが，人間の複雑な気持ちを正しくは理解できないので，カウンセリングの効果としては限界がある。

オ 非指示的方法と指示的方法の短所を除き，長所をミックスした方法を協力的方法ともいう。

POINT!! 解説

ア：職場環境の変化などにうまく適応するためなどの目的のための管理者と従業員との話し合いには，カウンセリングが効果的である。カウンセリングとは，悩む者の相談にのり，それを解決できるよう援助する活動をいう。

イ：したがって，管理者の行うカウンセリングは一種の自立教育ともいえる。

ウ：非指示的方法は，カウンセリングを受ける者（クライアント）を中心とした技法である。一方，指示的方法は，カウンセラーを中心とする技法である。

エ：非指示的方法ではなく，指示的方法が正しい。非指示的方法は，クライアントとなる従業員が本音をなかなか明かさないので難しいが，カウンセリングとしての効果は高い。

オ：協力的方法は，カウンセリングの方法として望ましい。

 正解 □ア1 □イ1 □ウ2 □エ2 □オ1

実力養成 問 題 | **職場の教育訓練(8)**
インターンシップへの取組み

□ 次の〔 〕の部分にあてはまるものを下の語群の中から選びなさい。

　インターンシップには導入を検討する段階から実習後の評価・フォローに至るまで，さまざまな作業がある。そのプロセスは次の通りである。

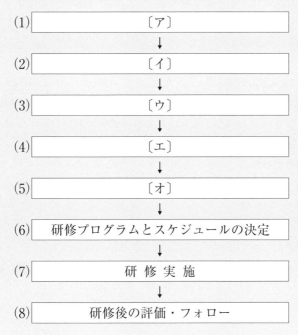

- (1) 〔ア〕
- (2) 〔イ〕
- (3) 〔ウ〕
- (4) 〔エ〕
- (5) 〔オ〕
- (6) 研修プログラムとスケジュールの決定
- (7) 研修実施
- (8) 研修後の評価・フォロー

〈語　群〉
①受入れ準備　　　　②マッチング　　　③店舗清掃
④学生募集と選考　　⑤店舗見学　　　　⑥受入れ部署の確定
⑦社内でのコンセンサスづくり　　⑧業務内容説明
⑨会社説明会の開催　　　　⑩商品知識の教育

インターンシップの実施プロセスは次の通りである。

(1)社内でのコンセンサスづくり

(2)受入れ部署の確定

(3)受入れ準備

(4)学生募集と選考

(5)マッチング

(6)研修プログラムとスケジュールの決定

(7)研修実施

(8)研修後の評価・フォロー

ネット試験の「記述式穴埋問題」で，上記の「インターンシップの実施プロセス」が出題された場合，空欄がいくつか設けられ，それらのうちの1つに適当な語句を記入しなさい，という問題が出題される確率が高いと考えられる。いずれにせよ，試験対策としては，「インターンシップの実施プロセス」は覚えておいた方がよいと思われる。

なお，下表はインターンシップの「実習プログラム(例)」である。

表　実習プログラム（例）

日程	時間	実 習 内 容
1日目	終日	オリエンテーション(会社説明，業務内容説明，店舗見学)
2日目	〃	研修業務の説明，接客訓練，商品知識の教育
3日目	〃	売場実習(接客業務，店舗清掃)
4日目	〃	売場実習(接客業務，店舗清掃)
5日目	〃	売場実習(接客業務，店舗清掃)
6日目	〃	売場実習(棚卸作業，データ入力作業)
7日目	〃	売場実習(接客業務，店舗清掃，仕入れ作業)
8日目	〃	売場実習(接客業務，店舗清掃，発送作業)
9日目	〃	売場実習(接客業務，店舗清掃，事務処理作業)
10日目	〃	ミーティングと質疑応答，感想文提出

出所：『販売士ハンドブック（発展編）』

正 解 □ ア⑦ □ イ⑥ □ ウ① □ エ④ □ オ②

記述式穴埋問題（2）　キーワードは**これだ！**

> 　次の各問の〔　　〕の部分にあてはまる最も適当な語句・短文を記入しなさい。

① 〔　ア　〕とは，通常の業務の中で，上司や先輩社員などが教える側となり，部下や新入社員に実務的な知識やノウハウを伝えることで，〔　イ　〕訓練ともいわれる。

ア	イ

② 〔　ア　〕とは，現場から離れ，業務遂行の過程外で行われる教育で，〔　イ　〕訓練ともいわれる。〔　ア　〕のデメリットは，〔　ウ　〕の研修になりやすいこと，などである。

ア	イ
	ウ

③ 〔　ア　〕はOJTよりも長期的視点に立った能力開発計画で，将来を見据えた知識とスキルなどを身につけさせることをねらいとしたもので，〔　イ　〕と訳される。

ア	イ

④ 能力開発の方法を教育内容別に分類すると，「知識に関する教育」「技能に関する教育」「態度に関する教育」「〔　ア　〕に関する教育」「〔　イ　〕に関する教育」の5つがある。〔　イ　〕の教育に役立つ教育方法には，ブレーンストーミングなどがある。

ア	イ

⑤　知識に関する教育では，知識的な教育は〔　ア　〕が中心になる。このほか
　　に，あらかじめ完全にプログラムされたテキストを用いてステップごとに理
　　解させていく〔　イ　〕などの方法もある。

ア	イ

⑥　態度の教育は，人格（パーソナリティ）の形成と深い関連を持ち，人格は他人
　　との接触を通じて形成されることが多いため，〔　ア　〕が有効である。〔　ア　〕
　　は〔　イ　〕と〔　ウ　〕に大別され，〔　イ　〕には自由討議法と〔　エ　〕がある。

ア	イ
ウ	**エ**

⑦　〔　　〕とは役割演技法のことで，たとえば，クレーム対応法などのテーマ
　　を設定し，一部の販売員に「顧客」と「販売員」の役割を与え，同僚などの見て
　　いる前で実際に演じることで，相手の出方や感情，あるいは応対の実技など
　　を体得するものである。

⑧　〔　　〕とは感受性訓練のことで，トレーニングを受ける人を日常から隔離
　　した不安定な状況に置くことで，人が自らの先入観に気づき，他者に対して
　　より理解のある人間になることを目標とするものである。

⑨　〔　　〕とは，あるテーマについて，あらかじめ選ばれている複数の専門家
　　（パネリスト）が意見を述べた後に，一般の参加者も交えて進めていく討論会
　　のことである。

⑩ 〔 ア 〕論とは，1964年にR.R.〔 イ 〕とJ.S.〔 ウ 〕によって提唱
されたリーダーシップ行動論の1つである。リーダーシップの行動スタイル
を「人間に対する関心」と「業績に対する関心」という2軸で評価し，5類型に
分類した。〔 イ 〕と〔 ウ 〕はこれらの中で，〔 エ 〕が最も理想的なリー
ダー類型であると主張している。

ア	イ
ウ	エ

⑪ 〔　〕とは，事例(ケース)を与えて解決策を出させ，それを集団で討議す
る教育方法である。

⑫ 〔　〕とは，意思決定が必要となる案件を短時間に大量に処理させること
で，案件を処理するスピード，的確さ，判断力などを多面的に評価する方法
のことである。

⑬ 〔　〕とは，受講者を5〜6人のグループに編成し，日常業務に密着した
課題を与えて，その計画(PLAN)から実施(DO)，そして評価(SEE)に至るま
でを一貫して体験させる教育方法のことである。

⑭ 〔　〕とは，参加者各自が社長となって，会社の設立から，商品の企画・
開発，販売，さらに会計，決算までを行い，その成果を参加者の間で競わせ
るという研修方法のことである。

⑮ 〔　　〕とは，特定のテーマについて，会議の参加者が自由にアイデアを出したり，思いついたことなどを自由に話し合うことで参加者同士が刺激を受けて，その結果，想定外のアイデアなどが創造されることを期待する会議の方法である。

（空欄）

⑯ 〔　　〕とは，異なる2つのもの，たとえばXとYの中に潜む等価的なもの（共通点や類似点）を見つけ出し，それを手がかりに思考の流れをXからYへと変換させることで，飛躍的なアイデアの発想を得ようとする方法である。

（空欄）

⑰ 〔　　〕とは，ブレーンストーミングなどによって得られた情報の1つひとつをカード状の紙に記入し，そのカードを並べかえグループ化することで，情報を整理し，問題解決への糸口を見つける方法である。

（空欄）

⑱ 〔　ア　〕計画とは，従業員の中・長期目標に合わせて能力開発を推進する方法のことで，略してCDPという。CDPの基本的構成要素は一般的に，〔　イ　〕の設定，〔　ウ　〕の設定，〔　エ　〕制度，異動と訓練計画の4つである。

ア	イ
ウ	エ

⑲ カウンセリングには，〔　ア　〕と〔　イ　〕がある。〔　ア　〕はカウンセリングを受ける者を中心とした技法である。

ア	イ

正解＆解説

①アー OJT　　イー職場内教育

　解説 OJT のメリットとデメリットについても，必ずチェックしておこう。

②アー Off-JT　　イー職場外教育　　ウー受け身

　解説 P52 に「OJT のメリット・デメリット」「Off-JT のメリット・デメリット」が掲載してあるので，これらをチェックしてもらいたい。Off-JT のデメリットでは「〔研修効果の確認〕が難しい」の箇所が空欄で出題される可能性がある。

③アー OJD　　イー職場内能力開発

　解説 OJD のメリットとデメリットについては，P51 と P52 に記述してあるので，これらもチェックしておこう。

④アー問題解決　　イー創造性

　解説 能力開発の方法を教育内容別にみると，「知識」「技能」「態度」「問題解決」「創造性」の５つがあることをしっかり覚えておこう。

⑤アー講義法　　イープログラムド・インストラクション

　解説 知識に関する教育では，これらのほかに，抽象的な概念を理解させるためにひな型状況をつくって実証してみせるデモンストレーションという方法もある。

⑥アー集団技法　　イー集団討議法

　ウー集団決定法　　エーパネル討議法

　解説 「態度に関する教育」は，「知識に関する教育」「問題解決に関する教育」「創造性に関する教育」と同様，よく出題されるので，キーワードは確実に覚えていこう。

⑦ロールプレーイング

　解説 ロールプレーイングは集団決定法の１つである。ハンドブックは，ロールプレーイング(Role Playing)について，「現実に起こる場面を想定して，複数の人がそれぞれ役割を演じて，疑似体験を通じて，ある事柄が実際に起こったときに適切に対応できるようにする学習方法の１つ」と述べている。

⑧ST（センシティビティ・トレーニング）

　解説 STはロールプレーイングと同様，集団決定法の1つである。集団
　　　決定法はこれらのほかに，職場ぐるみ訓練，マネジリアルグリッドな
　　　どがある。

⑨パネル討議法

　解説 パネル討議法は集団討議法の1つである。パネル討議法において，
　　　あらかじめ選ばれる複数の専門家は，異なる意見の持ち主で，意見の
　　　対立が予測されている。これらの異なる意見の持ち主の意見を聴衆の
　　　前で発表させ，討論させた後に，司会者の誘導で聴衆も参加して，討
　　　論を展開するというものである。

⑩アーマネジリアルグリッド　　イーブレーク
　ウームートン　　　　　　　エー9・9型

　解説 日本では，三隅二不二氏がマネジリアルグリッドと似たようなモデ
　　　ルとしてPM理論を提唱した。ハンドブックは，PM理論(PM
　　　Theory)について，「リーダーシップは『P機能(Performance
　　　function：目標達成機能)』と『M機能(Maintenance function：集団
　　　維持機能)』の2つの能力要素から構成されているという理論。それぞ
　　　れの能力要素の強弱により，リーダーシップを4つの類型に分類して
　　　いる」と述べている。

⑪事例研究法（ケーススタディメソッド）

　解説 事例研究法は，問題解決のための教育方法の1つである。問題解決
　　　のための教育方法はこのほかに，課題法（プロジェクト法），インバスケッ
　　　ト法（イントレイ法），ビジネスゲーム（マネジメントゲーム）がある。

⑫インバスケット法（イントレイ法）

　解説 ハンドブックは，インバスケット法について「インバスケット
　　　(Inbasket)とは，まだ決裁されていない書類が入った未処理箱を意味
　　　する。多くの職場で起こりうるような案件を的確，かつ，迅速に精度
　　　高く処理することができるのかを測るシミュレーション演習のこと」と
　　　述べている。

⑬プロジェクト法（課題法）

　解説 プロジェクト法においては，与えられた課題に対し，メンバーが分
　　　担し協力することにより，課題を処理することに取り組むことになる。

⑭マネジメントゲーム(ビジネスゲーム)

　解説　ハンドブックは，マネジメントゲームについて，「経営のモデルを使って意思決定させ，成績を競わせる」と述べている。

⑮ブレーンストーミング

　解説　ブレーンストーミングの最大の効果は，一人では考えもつかない創造的なアイデアが短時間で提案される可能性があるということである。

⑯等価変換的思考法

　解説　等価変換的思考法は市川亀久彌氏により創造された理論で，異なる２つのものの間に等価的なもの(共通点や類似点)を発見することで，それを手がかりに新しいものを創造する方法である。

⑰KJ法

　解説　KJ法は川喜田二郎氏により考案された手法で，創造性開発に有効であるとされている。なお，「KJ」は川喜田二郎氏のイニシャルによるものである。

⑱アー経歴開発　　　　イーキャリアレベル
　ウーキャリアパス　　エー評価・面談

　解説　CDPのポイントは，企業の人材ニーズと本人の希望の両方を突き合わせてキャリア育成プランが作成されることにある。

⑲アー非指示的方法　　イー指示的方法

　解説　非指示的方法と指示的方法の短所を除き，長所をミックスした方法を協力的方法という。

小売業の戦略的キャッシュフロー経営

□ 次のア～オについて，正しいものには1を，誤っているものには2を記入しなさい。

ア 損益計算書では多額の利益があっても，現金が不足すれば，最悪の場合，企業は倒産に追い込まれることになる。

イ 1990年代初めのバブル崩壊以降，不良債権問題などさまざまな環境変化により，会計上の利益と現金収支との剥離が顕在化した。

ウ キャッシュとは，現金(手許現金および要求払預金)，現金同等物などのことであり，キャッシュフロー (CF)とは実際に出入り(増減)するキャッシュの流れを指す。

エ キャッシュフロー計算書とは，特定時点においてどれだけのキャッシュを保有しているかを示すもので，そこではキャッシュの増減の内訳をみることはできない。

オ キャッシュフローを経営指標として，キャッシュフローの最大化，すなわち企業価値の最大化を目指す経営手法がキャッシュフロー経営である。

POINT!! 解説

ア：損益計算書の場合，たとえば多額の売掛金や受取手形を保有していると，これらが資産として計上されるため，帳簿上は多額の利益があがっていることになる。しかし，売掛金や受取手形がそのままの場合，現金が入ってこないので，帳簿上は利益があがっていても，現金不足により，倒産に追い込まれることはよくある。

イ：不良債権が発生すると，元来，帳簿上資産であったものが，その価値が大きく減額されることになるので，将来現金として入ってくると考えられていたものがほとんど期待できなくなる。つまり，企業経営が大きな打撃を受けることになる。

このため，不良債権問題の体験などから，多くの企業では，売掛金や受取手形をすばやくキャッシュで回収するという経営にシフトしつつある。

キャッシュフローとキャッシュフロー経営

第1章

第2章

第3章

第4章

模擬テスト

ウ：ハンドブックでは，現金同等物について，次のように述べている。

　「容易に換金可能であり，かつ，価値の変動について僅少なリスクしか負わない短期投資をいう。現金同等物の例としては，取得日から満期日または償還日までの期間が３か月以内の短期投資である定期預金，譲渡性預金，コマーシャルペーパー，売戻し条件付現先，公社債投資信託があげられる。」

　つまり，現金同等物とは，すぐに現金化できる金融商品のことである。

エ：たとえば，期首貸借対照表の「キャッシュ」が50億円であり，期末貸借対照表の「キャッシュ」が55億円だとする。つまり，期首から期末の間において，キャッシュが５億円増加したことになるが，どうしてキャッシュが５億円増加したのかを示すものがキャッシュフロー計算書である。つまり，キャッシュフロー計算書はある期間におけるキャッシュの増減の内訳を示すものである。

　ハンドブックは，キャッシュフロー計算書について，次のように述べている。

　「キャッシュフロー計算書は，損益計算書とは異なった観点で，企業が現金をつくり出す能力と支払能力を見極め，利益の質を評価するのに役立つ。」

オ：キャッシュフローの最大化とは，ある期間における現金の増加額を最大にすることである。キャッシュフローの最大化が生じれば，その結果，貸借対照表上のキャッシュ残高(ストック)は著しく増加することになり，企業価値は著しく高まることになる。

正解 □ ア1　□ イ1　□ ウ1　□ エ2　□ オ1

□ 次のア〜オについて，正しいものには1を，誤っているものには2を記入しなさい。

　ア　一般に，キャッシュフロー経営は営業キャッシュフロー，投資キャッシュフロー，財務キャッシュフローに分けられるが，これらのうち最も重要なものが営業キャッシュフローである。

　イ　営業キャッシュフローを改善するためには，その方法の1つとして，仕入に際しては買掛金や支払手形の信用期間を短くすることとである。

　ウ　投資キャッシュフローを改善するためには，ムダな固定資産の削減や有価証券の売却などの対策が必要であることから，設備投資額も減らさざるを得ない。

　エ　財務キャッシュフローを改善するためには，高い金利の借入金を返済して，社債や株式での調達に切り替えることで，長期資金を安定的に調達する財務構造にする必要がある。

　オ　営業キャッシュフローを改善するためには，その方法の1つとして，在庫は，商品ごとの売上管理や受注生産のような販売システムに変えることで，極力少なくすることである。

POINT!! 　解説

　ア：キャッシュフロー経営は一般に，営業キャッシュフロー，投資キャッシュフロー，財務キャッシュフローの3つに分類される。これらについて，ハンドブックは次のように記述している。

　◆営業キャッシュフロー
　　　営業活動にかかわる現金の増減を示す。

　◆投資キャッシュフロー
　　　資産売却や設備投資などによる現金の増減を示す。

　◆財務キャッシュフロー
　　　借入や株式の発行に伴う資金調達による現金の増減を示す。

　　　これらのうち，最も重要なのは営業キャッシュフローである。営業キャ

ッシュフローは本業である営業におけるキャッシュの増減を示すものであるので，当然，プラスであることが望ましい。もし，これがマイナスになってしまったら，その原因を究明し，早期に改善する必要がある。

イ：営業キャッシュフローを改善するためには，仕入に際しては，買掛金や支払手形の信用期間を長くする必要がある。なぜなら，買掛金や支払手形の信用期間を長くすればするほど，自社からキャッシュが流出するのを防ぐことができるためである。

　反対に，販売に際しては，売掛金や受取手形の信用期間を短縮する必要がある。極端にいえば，商品を今日売って，明日に代金を現金でいただければ，キャッシュフローは一気に改善することになる。さらにいえば，商品を現金で販売することがキャッシュフロー最大の改善方法である。

ウ：設備投資を行えば多額の資金を必要とするため，キャッシュフローは悪化することになる。しかし，設備投資を行わないことには他社との競争に打ち勝つことはできないので，設備投資額を減らすわけにはいかない。よって，ムダな固定資産の削減などは積極的に行うものの，設備投資はしっかり行う必要がある。

エ：高い金利の借入金を返済するため，これに必要な資金を社債や株式で調達すれば，資金調達コストは下がることになる。資金調達コストが下がった分，キャッシュフローは改善されることになる。

オ：在庫が大量にあるということは，その分，金利がかさむということである。なぜなら，在庫が増えるということは，商品購入代金が増えているということで，その資金は銀行からの借入金などでまかなっていると考えられる。したがって，在庫を減らせば，キャッシュフローは改善されることになる。

　なお，「受注生産のような販売システム」とは次のような意味である。“受注生産”の場合，注文があって，はじめて生産を行うこととなる。それと同様，注文があって，はじめて仕入を行い，そして販売するというものである。ただし，この場合，仕入先に商品の発注をして入荷するまでの期間が短くなるシステムを構築しておく必要がある。

正解　□ ア 1　□ イ 2　□ ウ 2　□ エ 1　□ オ 1

□ 次のア〜オは，フリーキャッシュフローに関する記述である。正しいものには1を，誤っているものには2を記入しなさい。

ア 営業キャッシュフローが25,000万円で，投資キャッシュフローがマイナス17,600万円のとき，フリーキャッシュフローは7,400万円となる。

イ 売上債権の増加は，フリーキャッシュフローを増加させ，キャッシュインフロー（資金の流入）を増加させる。

ウ 仕入債務の減少は，フリーキャッシュフローを減少させ，キャッシュアウトフロー（資金の流出）を増加させる。

エ 棚卸資産の増加は，フリーキャッシュフローを減少させるため，適正な在庫管理を行う必要がある。

オ 投資水準を営業キャッシュフロー以下の一定の範囲内に抑えれば，フリーキャッシュフローはプラスとなる。

POINT!! 解説

ア：ここでまず覚えておいてもらいたいことは，投資キャッシュフローは通常，マイナスであるということ。

一方，営業キャッシュフローはプラスのときもあればマイナスのときもあるが，長期にわたり存続している企業の場合，通常プラスであるということ。

フリーキャッシュフローとは，自由に使用できる現金のことで，これがプラスのときは自前の資金に余裕があることになる。フリーキャッシュフローを求める計算式は，

フリーキャッシュフロー＝営業キャッシュフロー＋投資キャッシュフロー

よって，それぞれの数値を上式にあてはめると

フリーキャッシュフロー＝25,000 ＋（− 17,600)

＝7,400（万円)となる。

ところが，

フリーキャッシュフロー＝営業キャッシュフロー−投資キャッシュフロー

と書かれている書籍などが多い。ハンドブックもこの計算式を使用している。

なぜなら，既述したように，通常，投資キャッシュフローはマイナスであ

ることから，わざわざ－17,600（万円）としないで，17,600（万円）としておいて，その前にマイナスをつけるという考え方である。

　どちらの計算式を使うかは自分が決めることで，要は正確に，フリーキャッシュフローを計算できればよい。

イ：売上債権の増加が，フリーキャッシュフローを増加させるか，それとも減少させるかを考える場合，売上債権の増加が営業キャッシュフローを増加させるか，それとも減少させるかを考えればよい。なぜなら，営業キャッシュフローを増加させれば，すなわちフリーキャッシュフローを増加させるからである。

　売上債権の増加とは，売掛金などの増加のことなので，フリーキャッシュフローを減少させることになる。よって，キャッシュインフローを減少させる。

ウ：仕入債務の減少は，営業キャッシュフローを減少させるので，フリーキャッシュフローを減少させることになる。よって，キャッシュアウトフローを増加させる。

　"仕入債務の減少が営業キャッシュフローを減少させる"ということが納得いかない場合には，仕入債務が増加すれば営業キャッシュフローはどうなるか考えてみよう。仕入債務の増加とは，決済期間を長期化させることでもあるので，この結果，営業キャッシュフローを増加させることになる。

エ：棚卸資産の増加は，営業キャッシュフローを減少させるので，フリーキャッシュフローを減少させることになる。よって，定期的な実地棚卸や仕入数量の見直しが不可欠であり，「プロダクトアウトからマーケットインへ」を重視したジャストインタイム方式を検討しなければならない。

　プロダクトアウトとは，「作り手がいいと思うものをつくる」「作ったものを売る」という発想である。一方，マーケットインとは，「売れるものだけを作る」という発想である。ジャストインタイム方式とは，「必要なものを，必要な時に，必要な分だけ生産する」という方式である。つまり，棚卸資産を減少させ，在庫切れを起こさないためには，ジャストインタイム方式の考え方をキャッシュフローに取り入れる必要があるということである。

オ：既述したように，フリーキャッシュフロー

$$＝営業キャッシュフロー－投資キャッシュフロー$$

　よって，フリーキャッシュフローがプラスになるための条件は，

$$営業キャッシュフロー＞投資キャッシュフロー$$

　これを言葉で表現すれば，投資キャッシュフローのマイナスを営業キャッシュフローのプラスの範囲内に抑えれば，フリーキャッシュフローはプラスになる。

正解　□ ア 1　□ イ 2　□ ウ 1　□ エ 1　□ オ 1

□ 次の文中の〔 〕の部分に，下記の語群のうち最も適当なものを選びなさい。

　小売業の経営者は，日々，自社の〔ア〕力向上に向けた方策を考え，判断し，実行している。この際，自社の事業や商品がいかに営業キャッシュフローを稼ぎ出しているかを把握することで，真に〔ア〕力向上に結びつく方策を判断することが可能となる。

　そのためには，営業キャッシュフローの構成要素を分析することが有効である。具体的には，客数または客単価を高めて〔イ〕を増加させる，仕入価格の引下げなどにより〔ウ〕を下げる，〔エ〕により販売費および一般管理費を下げる，などの方策がある。

　重要なのは，キャッシュフローの観点からきちんとしたデータを把握したうえで，優先順位をつけ，「この施策を打てば，キャッシュベースでどれだけ儲かるか」の観点から，真にキャッシュフローの〔オ〕に貢献する方策を実施することである。

〈語　群〉
①増加　　　②収益　　　③経常利益
④減少　　　⑤売上原価　⑥営業利益
⑦ローコストオペレーション　　⑧売上高
⑨値入高　　　　　　　　　　⑩アウトソーシング

POINT!! 　解説

　営業キャッシュフローを増加させるためには，お金の流出量よりも流入量が多くなるようにすればよい。その手段としては，売上高増加，仕入価格の引下げによる売上原価の減額，販売費・一般管理費の引下げがある。

　つまり，営業キャッシュフローを増加させるためには，売上高を増加させる一方で，仕入原価を引き下げ，ローコストオペレーションにより販売費・一般管理費の引き下げを実現する，などの方策がある。

正解　□ア②　□イ⑧　□ウ⑤　□エ⑦　□オ①

実力養成問題　戦略的キャッシュフロー経営(2)

□ 次の文中の〔　〕の部分に，下記の語群のうち最も適当なものを選びなさい。

　在庫管理における問題は，会計処理により，〔ア〕をいまだ獲得していない商品在庫を〔イ〕上の資産として認識してしまうために，〔ウ〕では商品のキャッシュベースでの収益性を把握できないことである。

　たとえば，「仕入数量を増やせば，それに応じて売上高が増える」のであれば，仕入増が正しい判断ということもできる。しかし，売上高が変わらない場合，仕入代金を払って在庫を積み増している分だけ〔ア〕は〔エ〕する。

　これは，一見当たり前のように思えるが，需要予測が不十分である，販売機会ロスを防ぐために余分な在庫を持ちたくなる，あるいは事業部制をとっている場合は，事業部トップが会計上の〔オ〕確保を優先しがちであるなどの理由により，実際の店舗運営においては在庫が過剰になりがちなので，十分な注意が必要となる。

〈語　群〉
①売上　　　　②ストック　　　③損益計算書
④キャッシュ　⑤利益　　　　　⑥減少
⑦増加　　　　⑧貸借対照表　　⑨フロー
⑩キャッシュフロー

POINT!! 　解説

　上文の主旨は，「在庫は貸借対照表においては資産としてみなされるが，キャッシュフロー経営の観点からいえば，余分な在庫はキャッシュフローを減少させる大きな要因になるということ」である。したがって，キャッシュフローを増加させるためには，正確な需要予測が不可欠となる。

正解　□ ア④　□ イ⑧　□ ウ③　□ エ⑥　□ オ⑤

□ 次の文中の〔　〕の部分に，下記の語群のうち最も適当なものを
選びなさい。

　　店舗経営において，損益計算書上は利益が確保されていても，
期中の〔ア〕の確保に苦労している小売業は少なくない。たとえ
ば，期末時点で会計上の利益は確保されているため問題がないよ
うにみえても，販売の時点では〔イ〕や受取手形などが多いと，実
際に〔ウ〕として回収できるまで時間がかかる。

　　一方，商品の仕入代金や従業員への給与支払，広告宣伝費など
は，販売代金回収前に〔エ〕せざるを得ない。そうすると，金融機
関から短期の融資を受けて〔ア〕を確保する必要性が生じる。

　　しかし，金融機関からの融資がままならず，〔ア〕を確保できな
い場合，資金ショートが起こり，〔オ〕倒産のおそれが生じる。し
たがって，小売業自身で常に安定的にキャッシュフローを確保し
ておく努力が必要となってくる。

〈語　群〉
①売掛金　　　②連鎖　　　　③キャッシュイン
④資産　　　　⑤黒字　　　　⑥買掛金
⑦運転資金　　⑧キャッシュ　⑨キャッシュアウト
⑩設備資金

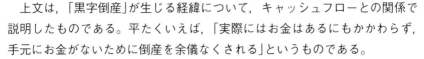

POINT!! 解説

　　上文は，「黒字倒産」が生じる経緯について，キャッシュフローとの関係で説明したものである。平たくいえば，「実際にはお金はあるにもかかわらず，手元にお金がないために倒産を余儀なくされる」というものである。

ア：「運転資金」が入る。運転資金とは，賃金の支払，原材料の調達などに必要とする資金のことで，企業が経営活動を行ううえで不可欠な資金である。運転資金の反対語は設備資金で，これは工場設備の新設や拡充の際に必要な資金である。

　　運転資金の特色は短期的，流動的な資金であること。一方，設備資金の特色は長期的，固定的な資金であること。

イとウ：イには「売掛金」，ウには「キャッシュ」が入る。これについてはすでに説明したように，売掛金や受取手形を保有していれば，いずれキャッシュは入ってくるが，運転資金が必要であるため，今日キャッシュが欲しい，明日までにキャッシュが欲しいなどということはよくある。要は，いつキャッシュが入ってくるかである。

エ：「キャッシュアウト」が入る。キャッシュアウトとは，キャッシュフローにおいて，お金が手元から外へ流出することである。

オ：「黒字」が入る。また，資金ショートとは，資金が足りなくなることである。

　　ハンドブックでは，黒字倒産を防ぐための方法として，次のものなどを挙げている。

・支払条件の改善(支払サイトの延長など)，回収条件の改善(回収サイトの短縮，現金取引の拡大など)
・資金調達手段の多様化，すなわち取引金融機関を増やす，売掛債権の流動化や社債・増資など直接金融の活用を検討する

第1章　第2章　第3章　第4章　模擬テスト

正解　□ ア ⑦　□ イ ①　□ ウ ⑧　□ エ ⑨　□ オ ⑤

□ 次のア～オについて, 正しいものには1を, 誤っているものには2を記入しなさい。

ア 営業活動によるキャッシュフローがプラスであれば, その企業は本業によってキャッシュフローを稼いでいることになり, 反対にマイナスであれば, 本業ではキャッシュフローを稼いでいないことになる。

イ 多額のキャッシュを投入して設備投資を実施した場合, 投資キャッシュフローのマイナスは膨らむことになる。

ウ 財務活動によるキャッシュフローがマイナスのときは, 営業キャッシュフローでは必要な資金が賄えず, 借入金に依存していることになる。

エ 同業他社に比べて, 営業活動によるキャッシュフローの水準が高いほど, その企業のキャッシュフローを生み出す力が大きく, コスト削減や差別化により, 強い競争力を持っていることが予想される。

オ 投資活動によるキャッシュフローが営業活動によるキャッシュフローを上回っている場合, 成長局面にある新興企業以外は, 既存の事業活動を維持するための最低限のキャッシュフローを賄えていないことが推測され, 経営上問題を抱えていることが考えられる。

POINT!! 解説

ハンドブックは，キャッシュフロー計算書について，次のように述べている。

「キャッシュフロー計算書は，キャッシュの流れを明らかにした財務諸表である。キャッシュの流れは，営業活動，投資活動，財務活動の3つに分けて記載され，それぞれの活動における現金ベースでの収支がわかる。」

第2章

ア：営業活動によるキャッシュフローを簡単に示せば，次のようになる。

20××年度　（単位：百万円）

税金等調整前当期純利益	4,538
減価償却費	2,092
小計	6,630
法人税の支払額	△1,658
営業活動によるキャッシュフロー	4,972

上記からわかるように，本業によって利益が出ている場合には，「営業活動によるキャッシュフロー」はプラスになる。

また，反対に，「営業活動によるキャッシュフロー」がマイナスのときには，通常，「税金等調整前当期純利益」がマイナスになっている。つまり，本業において利益が出ていない場合である。

第3章

イ：投資活動によるキャッシュフローを簡単に示せば，次のようになる。

20××年度　（単位：百万円）

有形固定資産取得による支出	△5,381
有形固定資産売却による収入	1,393
有価証券取得による支出	△2,037
有価証券売却による収入	1,504
投資活動によるキャッシュフロー	△4,521

上記からわかるように，「投資活動によるキャッシュフロー」は通常，マイナスとなる。ところが，下記のように大型の設備投資を実施すると，マイナスは膨らむことになる。

有形固定資産取得による支出	△ 10,381
有形固定資産売却による収入	1,393
有価証券取得による支出	△ 2,037
有価証券売却による収入	1,504
投資活動によるキャッシュフロー	△ 9,521

ウ：ハンドブックは，財務活動によるキャッシュフローについて，次のように述べている。

「大まかな財務状況として，財務活動によるキャッシュフローのプラス・マイナスをみることにより，営業活動によるキャッシュフローが投資活動によるキャッシュフローを超えて稼いでいるのかを把握することができる。」

つまり，

〔ケースⅠ〕営業活動によるキャッシュフロー＞投資活動によるキャッシュフローのとき，財務活動によるキャッシュフローはマイナス

〔ケースⅡ〕営業活動によるキャッシュフロー＜投資活動によるキャッシュフローのとき，財務活動によるキャッシュフローはプラス

ここで，財務活動によるキャッシュフローを簡単に示すと，次のようになる。

20××年度　（単位：百万円）

長期借入による収入	1,238
長期借入金の返済による支出	△ 392
社債の発行による収入	3,702
社債の償還による支出	△ 537
財務活動によるキャッシュフロー	4,011

上記において，財務活動によるキャッシュフローは 4,011（百万円）のプラスとなっている。その原因は「長期借入による収入」と「社債の発行による収入」が大きかったことにあるが，なぜ，これらの額が大きいものとなったのか？　それは，営業活動によるキャッシュフロー＜投資活動によるキャッシュフロー，によるものである。

つまり，〔ケースⅡ〕に該当するが，営業活動によるキャッシュフローが例年並みだったとすると，投資活動によるキャッシュフローのマイナスを賄え

ないため，それを財務活動のキャッシュフローをプラスにすることで穴埋めしたといえる。

エ：営業活動によるキャッシュフローの水準が高いということは，売上高，利益高などが同業他社に比べて多いということである。このように，同業他社よりも売上高，利益高が高いということは，その企業がコスト削減や差別化により，強い競争力を持っているということである。

反対に，営業活動によるキャッシュフローがマイナスの場合，その企業は本業で稼げていないことを意味しており，経営上，問題点を抱えていることになる。

オ：成長局面にある新興企業の場合，連年にわたり旺盛な設備投資を行うことから，投資活動によるキャッシュフローのマイナスが営業活動によるキャッシュフローのプラスを上回ることがある。

しかし，通常は次式が成立する。

投資活動によるキャッシュフローのマイナスの絶対額
＜営業活動によるキャッシュフローのプラスの絶対額

したがって，次式の状態にある企業は経営上，問題を抱えているといえる。

投資活動によるキャッシュフローのマイナスの絶対額
＞営業活動によるキャッシュフローのプラスの絶対額

正解　□ ア 1　□ イ 1　□ ウ 2　□ エ 1　□ オ 1

□ 次のア～オについて，正しいものには1を，誤っているものには2を記入しなさい。

ア　キャッシュフローマージンは，売上高から営業キャッシュフローがどの程度の割合でもたらされたかを表すもので，キャッシュフロー版売上高営業利益率にあたる。

イ　営業キャッシュフロー対流動負債比率は，営業キャッシュフローが流動負債をどの程度カバーしているかを表すもので，この比率が低いほど資金繰りは楽になる。

ウ　キャッシュフロー版インタレスト・カバレッジ・レシオは，借入負債を抱える企業の利息の支払能力を示すもので，この指標(倍率)が高いほど，金利返済上の余裕が大きいといえる。

エ　営業キャッシュフロー対設備投資比率は，営業キャッシュフローで設備投資額をどれだけ賄えるかをみるもので，この値が100％未満の場合，営業キャッシュフローだけでは賄えていないことになる。

オ　1株当たり営業キャッシュフローは，キャッシュフロー版のEPS(1株当たり利益)といえるものだが，1株当たり営業キャッシュフローは減価償却費分だけEPSよりも低くなる。

POINT!! 解説

ア：キャッシュフローマージン＝$\dfrac{\text{営業キャッシュフロー}}{\text{売上高}} \times 100(\%)$

　　つまり，キャッシュフローマージンは収益性を評価するための指標である。営業キャッシュフローは，損益計算書の営業利益に相当すると考えられるので，キャッシュフローマージンは，キャッシュフロー版の売上高営業利益率といえる。

イ：営業キャッシュフロー対流動負債比率＝$\dfrac{\text{営業キャッシュフロー}}{\text{流動負債}} \times 100(\%)$

　上式からわかるように，営業キャッシュフローが流動負債をどの程度カバーしているかを示すもので，キャッシュフロー版当座比率ともいわれ，企業の返済能力を示している。したがって，この比率が高いほど財務の安定性は増すので，資金繰りは楽になる。反対に，この比率が低いほど，資金繰りは苦しいものとなる。

ウ：キャッシュフロー版インタレスト・カバレッジ・レシオ

$$=\frac{営業キャッシュフロー＋支払利息額＋税金}{支払利息額}（倍）$$

（例）

営業キャッシュフロー　12,800（単位：百万円）

支払利息額　　　　　　　680

税金　　　　　　　　　　320

　　　　　　　　　　　13,800

キャッシュフロー版インタレスト・カバレッジ・レシオ$=\frac{13,800}{680}=20.29$（倍）

　ハンドブックは，インタレスト・カバレッジ・レシオ（Interest Coverage Ratio）について，次のように記述している。

　「金融費用の何倍の事業利益を上げているかをみるもので，金融費用の支払いがどれだけ利益で賄われているかを示す。利払い前事業利益を支払利息・手形売却損などの金融費用で割って求める。この指標（倍率）が高ければ高いほど，安全性は高いと判断できる。」

エ：営業キャッシュフロー対設備投資比率$=\frac{営業キャッシュフロー}{設備投資額}\times100$（％）

　上式からわかるように，営業キャッシュフローで，設備投資額をどれだけ賄えるかをみるもので，この比率が100％以上の場合には，営業キャッシュフローで設備投資を賄えることになる。営業キャッシュフロー＜設備投資額，の場合には，手元資金を取り崩すか，借入金を増やすなど何らかのかたちで資金調達をすることになる。

オ：1株当たり営業キャッシュフロー$=\frac{営業キャッシュフロー}{発行済株式数}$（円）

　営業キャッシュフローは企業の本来の力を表すため，1株当たり営業キャッシュフローは収益力の測定においてEPS（1株当たり利益）よりも優れている。ただ，今後の株価を占う手がかりとして，1株当たり営業キャッシュ

フローの伸びを予想する際，簡便的に求めるキャッシュフロー（税引後当期利益＋減価償却費）を使用するので，このときの1株当たり営業キャッシュフローは減価償却費分だけ EPS より高くなる。

$$EPS（1株当たり利益）＝\frac{当期純利益}{発行済株式数}（円）$$

ハンドブックでは，キャッシュフロー計算書から得られる経営分析指標として，上記のキャッシュフローマージンなどのほかに，株価キャッシュフロー倍率(PCFR)を挙げている。

$$株価キャッシュフロー倍率(PCFR)＝\frac{株価}{1株当たりキャッシュフロー}（倍）$$

PCFR は，株価を1株当たりキャッシュフローと比較して，株式の投資価値の妥当性，つまり割高か割安かを評価するものである。

上式を見てわかるように，株価が上昇すると PCFR は高くなるので，株価が割高になっていることになる。反対に，株価が低下すると PCFR は低下するので，株価は割安になっていることになる。

なお，1株当たり営業キャッシュフローがキャッシュフロー版の EPS であるのに対し，株価キャッシュフロー倍率はキャッシュフロー版の PER（株価収益率）といえる。

$$PER（株価収益率）＝\frac{株価}{EPS}$$

正解 □ ア 1 □ イ 2 □ ウ 1 □ エ 1 □ オ 2

記述式穴埋問題　　キーワードは**これだ**！

> 次の各問の〔　　〕の部分にあてはまる最も適当な語句・短文など
> を記入しなさい。

① 〔　ア　〕とは，現金(手許現金および要求払預金)，現金同等物などのこと
であり，〔　イ　〕とは実際に出入り(増減)するキャッシュの流れを指す。

ア	イ

② 一般に，キャッシュフロー経営は，〔　ア　〕，〔　イ　〕，〔　ウ　〕に分類される。
〔　イ　〕は資産の売却や設備投資などによる現金の増減を示すものであり，
〔　ウ　〕は借入や株式の発行に伴う資金調達による現金の増減を示すものである。

ア	イ
	ウ

③ 〔　　〕とは，自由に使用できる現金のことで，一般に営業活動により獲得
した営業キャッシュフローから現在の事業を維持するための現金支出および
配当金支払額を差し引いた残額をいう。

④ 売上債権の増加は，資金が拘束されていることを意味し，〔　ア　〕を減少さ
せ，〔　イ　〕(資金の流入)を減少させる。

ア	イ

⑤ 仕入債務の減少は，支払猶予の短縮によって〔　ア　〕を減少させ，〔　イ　〕
(資金の流出)を増加させる。

ア	イ

⑥ 営業キャッシュフローを増加させるためには、〔 ア 〕を増加させ、〔 イ 〕を引下げ、〔 ウ 〕により販売費・一般管理費の引下げを実現することである。

ア	イ
	ウ

⑦ キャッシュフローを改善する手段は、支払・回収条件の改善にとどまらず、資金調達手段の多様化、すなわち取引金融機関を増やす、〔 ア 〕の流動化や社債・増資など〔 イ 〕の活用を検討するなどにより、資金調達の安定化を模索することが必要になる。

ア	イ

⑧ 財務活動におけるキャッシュフローが〔 ア 〕のときは、営業キャッシュフローでは必要な資金が賄えず、借入金に依存していることになる。反対に、〔 イ 〕のときは、営業活動で十分なキャッシュフローを稼いでおり、さらに有利子負債の返済を優先しているなどの施策を行っている可能性があることになる。

ア	イ

⑨ 〔 ア 〕はキャッシュフロー版〔 イ 〕にあたり、営業キャッシュフローを売上高で割って求める。

ア	イ

⑩ 営業キャッシュフロー対流動負債比率は、キャッシュフロー版〔 ア 〕ともいわれ、企業の返済能力を表す。この比率が高いほど支払能力が高く、〔 イ 〕が楽になることを示している。

ア	イ

⑪ キャッシュフロー版〔 ア 〕は，借入負債を抱える企業の〔 イ 〕を示す
もので，営業キャッシュフローに支払利息額と〔 ウ 〕を加えたものを支払
利息額で割ったものである。

ア	イ
	ウ

⑫ 営業キャッシュフロー対設備投資比率は，投資の中で最も大きな比重を占め
る設備投資額を営業キャッシュフローとの関係から捉えた経営指標で，この比
率が〔 ア 〕％以上であれば，〔 イ 〕で〔 ウ 〕を賄うことができている
ということになる。

ア	イ
	ウ

⑬ 1株当たり営業キャッシュフローはキャッシュフロー版〔 ア 〕といえるもの
で，今後の〔 イ 〕を予測するための指標となる。

ア	イ

⑭ 株価キャッシュフロー倍率はキャッシュフロー版〔 ア 〕といえるもので，
株式の〔 イ 〕を評価する指標である。

ア	イ

①アーキャッシュ　イーキャッシュフロー

解説 損益計算書においては，売掛金や受取手形は資産であり，いずれはキャッシュにかわるものではあるが，実際にキャッシュにかわるかどうかは確かではない。キャッシュフロー計算書は，キャッシュに焦点を当てたものである。

②アー営業キャッシュフロー　イー投資キャッシュフロー
ウー財務キャッシュフロー

解説 営業キャッシュフローは本業においてどれだけキャッシュを獲得したかを示すので，３つのキャッシュフローの中で，最も重要なキャッシュフローといえる。

③フリーキャッシュフロー

解説 ハンドブックは，フリーキャッシュフロー（Free Cash Flow:FCF)について，「企業が事業活動で稼いだ金額のうち，自由に使える現金がどれだけあるかを示すもの」と述べている。

④アーフリーキャッシュフロー　イーキャッシュインフロー

解説 「資金の流入」のことを「キャッシュインフロー」ということを覚えておこう。また，フリーキャッシュフローの「フロー」を「流れ」と考える人もいると思うが，ここの「フロー」は「流動する量」という意味である。したがって，売上債権の増加はキャッシュインフローを減少させ，その結果，フリーキャッシュフローを減少させることになる。

⑤アーフリーキャッシュフロー　イーキャッシュアウトフロー

解説 「資金の流出」のことを「キャッシュアウトフロー」ということを覚えておこう。仕入債務の減少はキャッシュアウトフローを増加させ，その結果，フリーキャッシュフローを減少させることになる，ともいえる。

⑥アー売上高　イー仕入原価　ウーローコストオペレーション

解説 売上高の増加はお金の流入量を増加させ，仕入原価の引下げはお金の流出量を減少させ，ローコストオペレーションはお金の流出量を減少させる。

⑦アー売掛債権　　イー直接金融

解説 ハンドブックは、売掛債権の流動化について、「企業が保有している売掛債権を、決済期日の到来前に金融機関など第三者に譲渡して現金化したり、担保として融資を受けることによって資金を調達すること」と述べている。

社債の発行、あるいは株式の発行によって資金を調達することを直接金融という。間接金融とは銀行などからの借入れのことであるが、問題文にある「取引金融機関を増やす」とは、銀行などからの借入れ先を増やすという意味である。

⑧アープラス　　イーマイナス

解説 P86のウを見てもらいたい。〔ケースⅡ〕において、営業活動によるキャッシュフロー＜投資活動によるキャッシュフローのとき、財務活動によるキャッシュフローはプラスとなる。

反対に、〔ケースⅠ〕において、営業活動によるキャッシュフロー＞投資活動によるキャッシュフローのとき、財務活動によるキャッシュフローはマイナスとなる。

⑨アーキャッシュフローマージン　　イー売上高営業利益率

解説 営業キャッシュフローは、営業活動の結果、現金収支がどうだったかをみる指標で、損益計算書の営業利益にあたると考えられる。

キャッシュフローマージンは次式で表される。営業キャッシュフローは損益計算書の営業利益にあたると考えられるので、キャッシュフローマージンはキャッシュフロー版売上高営業利益率といえる。

$$キャッシュフローマージン = \frac{営業キャッシュフロー}{売上高} \times 100\ （\%）$$

⑩アー当座比率　　イー資金繰り

解説 営業キャッシュフロー対流動負債比率は次式で表される。
営業キャッシュフロー対流動負債比率

$$= \frac{キャッシュフロー}{流動負債} \times 100\ （\%）$$

上式からわかるように、営業キャッシュフロー対流動負債比率は、当座資産ではなくキャッシュでどれだけ流動負債を賄えるかをみる指標であり、当座比率の限界を補うことができる安全性の指標である。当座比率＝当座資産÷流動負債。「当座比率」の箇所が空欄で出題される可能性が高い。

⑪ア－インタレスト・カバレッジ・レシオ

　イ－利息の支払能力　　ウ－税金

　解説 キャッシュフロー版インタレスト・カバレッジ・レシオ

$$= \frac{営業キャッシュフロー＋支払利息額＋税金}{支払利息額} （倍）$$

⑫ア－100　　イ－営業キャッシュフロー　　ウ－設備投資

　解説 P 89 を再度見てもらいたい。営業キャッシュフロー対設備投資
　　　比率が 100％未満のときは，営業キャッシュフローで設備投資を賄う
　　　ことができないことを意味する。

⑬ア－EPS（1 株当たり利益）　　イ－株価

　解説 1 株当たり営業キャッシュフロー＝$\frac{営業キャッシュフロー}{発行済株式数}$（円）

　　　EPS（1 株当たり利益）＝$\frac{当期純利益}{発行済株式数}$（円）

⑭ア－PER（株価収益率）　　イ－投資価値の妥当性

　解説 株価キャッシュフロー倍率＝$\frac{株価}{1 株当たりキャッシュフロー}$（倍）

　　　PER（株価収益率）＝$\frac{株価}{1 株当たり利益(EPS)}$

小売業の店舗に関する法律

第3章

□ 次のア〜オは，都市計画法に関する記述である。正しいものには 1を，誤っているものには2を記入しなさい。

ア　都市計画法は都市計画に関するルールを定めたもので，「まちづくりの基本計画」である。

イ　都市計画区域とは，市町村の中心の市街地を含み，一体の都市として総合的に整備，開発，保全する必要がある区域として都道府県が定めた区域である。

ウ　都市計画区域では，市街化を抑制する市街化調整区域と，秩序ある市街地を形成することを目的とした市街化区域との区分を定めることができる。

エ　市街化調整区域と市街化区域に指定された区域の中に，それぞれ用途地域が定められている。

オ　用途地域は全部で13種類あり，これらのうち，住宅として住みやすい生活環境を整える住居系地域は7種類ある。

POINT!! 解説

ア：ハンドブックは，都市計画法について，次のように記述している。

　「都市計画法は，『都市計画の内容及びその決定手続，都市計画制限，都市計画事業その他都市計画に関し必要な事項を定めることにより，都市の健全な発展と秩序ある整備を図り，もつて国土の均衡ある発展と公共の福祉の増進に寄与すること』を目的としている（第1条）。」

　また，都市計画法による都市計画は，「まちづくりの基本計画」であり，建築基準法など，都市の健全な発展と国土の均衡ある発展を目指す法律の中心として位置づけられている。

イ：都市計画区域の指定や基本的な事項については都道府県が，その他の事項については市町村が定めることとされている。また，都市計画が複数の都道府県にまたがっている場合には，国土交通大臣が都市計画区域を指定する。

　なお，都市計画区域の範囲は市区町村の線引きと一致するとは限らない。いくつかの市区町村が1つの都市計画としてまとめられることもあれば，1つの市区町村がいくつかの都市計画区域に分けられることもある。

ウ：市街化区域とは，都市計画区域の1つで，すでに市街地を形成している区域及びおおむね10年以内に優先的かつ計画的に市街化をはかるべき区域のことである。平たくいえば，市街化区域は原則として建物をどんどん立ててもOKの区域である。

　一方，市街化調整区域とは，都市計画区域の1つで，市街化を抑制すべき区域のことである。平たくいえば，市街化調整区域は建物の建築が厳しく制限されている地域である。

エ：用途地域が定められているのは市街化区域で，市街化調整区域においては用途地域は定められていない。なぜなら，市街化調整区域においては建物の建築自体に消極的であるからである。

オ：P101の「用途地域の種類」を見てもらいたい。住宅として住みやすい生活環境を整える住居系地域は8種類，商業活動に便利で，効率よく発展させるための商業系地域は2種類，工場などをできるだけまとめ，騒音や交通の問題などを解決しながら能率的に運営するための工業系地域は3種類である。

正解　□ ア 1　□ イ 1　□ ウ 1　□ エ 2　□ オ 2

第1章

第2章

第3章

第4章

模擬テスト

□ 次のア~オは，都市計画区域内で指定される用途地域に関する記述である。最も関係の深いものを下の語群から選びなさい。

ア　大規模な店舗，事務所の立地も認められるものの，住宅がメインで，住宅の良好な環境保護のための地域である。

イ　環境の悪化をもたらすおそれのない工業の利便の増進をはかる地域である。

ウ　道路の沿道において，自動車関連施設などの立地と，これと調和した住居の環境を保護するための地域である。

エ　近隣の住宅地の住民に対する日用品の供給を主たる内容とする商業その他の業務の利便を推進するための地域である。

オ　大規模な店舗，事務所の立地は制限される，住宅の環境保護のための地域である。

〈語　群〉

①工業地域　　　　　②商業地域
③第一種住居地域　　④第一種中高層住居専用地域
⑤近隣商業地域　　　⑥第二種住居地域
⑦準工業地域　　　　⑧準住居地域

POINT!! 解説

　上問と類似した問題は，第38回販売士検定試験において出題された。出題対象となったのは，「準工業地域」「商業地域」「準住居地域」「第二種住居地域」「第一種住居地域」であった。

　その後も「用途地域」に関する問題はよく出題されており，頻出問題の1つといえる。よって，P101の表「用途地域の種類」はチェックしておく必要がある。

正 解 □ ア⑥ □ イ⑦ □ ウ⑧ □ エ⑤ □ オ③

表　用途地域の種類

種　類		内　容
住居系	第一種低層住居専用地域	低層住宅の良好な環境保護のための地域。店舗などとの兼用住宅で，店舗などの部分が50㎡以下，かつ，建築物の延べ面積の2分の1未満のものは建築できる。
	第二種低層住居専用地域	小規模な店舗の立地は認められる，低層住宅の良好な環境保護のための地域。床面積の合計が150㎡以内の一定の店舗などは建築できる。
	田園住居地域	農業の利便の増進を図りつつ，これと調和した低層住宅に係る良好な住居の環境を保護する地域。農産物直売所など農産物を販売する店舗などは建築できる。
	第一種中高層住居専用地域	中高層住宅の良好な環境保護のための地域。床面積の合計が500㎡以内の一定の店舗などは建築できる。
	第二種中高層住居専用地域	一定の利便施設の立地は認められる，中高層住宅の良好な環境保護のための地域。用途に使用される部分が2階以下，かつ，1,500㎡以下の店舗などは建築できる。
	第一種住居地域	大規模な店舗，事務所の立地は制限される，住宅の環境保護のための地域。用途に使用される部分が3,000㎡以下の店舗などは建築できる。
	第二種住居地域	大規模な店舗，事務所の立地も認められる，住宅の環境保護のための地域。床面積が1万㎡を超える店舗などは建築できない。
	準住居地域	道路の沿道において，自動車関連施設などの立地と，これと調和した住居の環境を保護するための地域。床面積が1万㎡を超える店舗などは建築できない。
商業系	近隣商業地域	近隣の住宅地の住民に対する日用品の供給を主たる内容とする商業その他の業務の利便を推進するための地域。
	商業地域	主として商業その他の業務の利便を増進するための地域。
工業系	準工業地域	環境の悪化をもたらすおそれのない工業の利便の増進をはかる地域。
	工業地域	主として工業の利便の増進をはかる地域。
	工業専用地域	工業の利便の増進をはかるための地域。物品販売店舗や飲食店は建築できない。

出所：『販売士ハンドブック（発展編）』

土地の利用に関する法令(3)
都市計画法(3)

□ 次のア～オは，用途地域の違いによる店舗施設の規制について述べたものである。正しいものには1を，誤っているものには2を記入しなさい。

ア　第二種住居地域よりも，第一種住居地域のほうが大規模な店舗を設置できる。

イ　第一種住居地域よりも，第一種中高層住居専用地域のほうが大規模な店舗を設置できる。

ウ　第二種住居地域よりも，第二種低層住居専用地域のほうが大規模な店舗を設置できる。

エ　第一種中高層住居専用地域よりも，第二種中高層住居専用地域のほうが大規模な店舗を設置できる。

オ　準住居地域よりも，第一種住居地域のほうが大規模な店舗を設置できる。

POINT!! 解説

上記に類似した問題が第41回販売士検定で出題された。ネット試験が導入された今日では，たとえば，下のアでは〔3,000〕㎡以下，〔1〕万㎡を超える，の箇所が空欄で出題されるものと思われる。

P101の「用途地域の種類」を見てもらいたい。

ア：第一種住居地域は，用途に使用される部分が3,000㎡以下の店舗などは建築できる。第二種住居地域は，床面積が1万㎡を超える店舗などは建築できない。

イ：第一種中高層住居専用地域は，床面積の合計が500㎡以内の一定の店舗などは建築できる。

ウ：第二種低層住居専用地域は，床面積の合計が150㎡以内の一定の店舗などは建築できる。

エ：第二種中高層住居専用地域は，用途に使用される部分が2階以下，かつ，1,500㎡以下の店舗などは建築できる。

オ：準住居地域は，床面積が1万㎡を超える店舗などは建築できない。

正解　□ ア 2　□ イ 2　□ ウ 2　□ エ 1　□ オ 2

実力養成 問題　土地の利用に関する法令⑷
都市計画法⑷

□ 次のア～オについて，正しいものには1を，誤っているものには2を記入しなさい。

ア　都市計画区域を，市街化区域と市街化調整区域とに分けることを，一般に線引きという。

イ　用途地域において，用途規制に不適合な建築物でもただし書きによって，特定行政庁の許可が得られれば建築することができる。

ウ　防火地域は，火災などが発生すると大惨事になりかねない地域で指定されるもので，用途地域内で指定することができる。

エ　準防火地域は，防火地域の外側で，住宅などの建物が密集していて火災が発生したときに危険度の高い地域を定めている。

オ　屋根不燃区域は，防火地域，準防火地域以外の市街地で，周辺の火災による延焼を防ぐために，屋根や外壁などの防火上の規定が必要な地域として特定行政庁が指定する区域である。

POINT!! ▶ 解説

ア：一般に「線引き」というが，法律上は「区域区分」という。

イ：これを「ただし書きの適用による特例許可」という。なお，許可については，公聴会や建築審査会などの手続きが必要となる。

ウ：防火地域は，用途地域とは別に，都市計画法で定めることができる。防火地域に指定されるのは，大規模な商業施設や多くの建物が密集し，火災などが発生すると大惨事になりかねない地域で，ここでは建物の構造を厳しく制限して防災機能を高めることが求められている。

エ：準防火地域においては，建物の構造上の制限は，防火地域よりも緩やかな規制となっている。

オ：防火地域または準防火地域以外のエリアでは，建築基準法第63条で規定している"屋根不燃化の規定"は適用されない。しかし，こうしたエリアにおいても特定行政庁の判断で，屋根不燃区域に指定することができる。

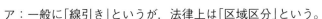

正解　□ア1　□イ1　□ウ2　□エ1　□オ1

土地の利用に関する法令(5)
借地借家法(1)

□ 次のア〜オは，借地借家法に関して述べたものである。正しいものには1を，誤っているものには2を記入しなさい。

ア　借地借家法は，民法の特別法であり，建物所有目的の土地の賃借権(借地権)の存続期間・効力，建物の賃貸借の契約の更新・効力などに関して優先して適用される法律である。

イ　借地借家法は1992（平成4）年に施行されたが，それ以前から設定されている借地権には，引き続き旧借地・旧借家法が適用されている。

ウ　旧借地・旧借家法では借地権の存続期間が，木造の場合に最低10年(法定20年)，マンションなどの堅固建物の場合には最低30年(法定60年)となっている。

エ　借地借家法における借地権の存続期間は，堅固な建物の場合は30年，非堅固な建物の場合は20年とされた。

オ　借地借家法で新たに設けられた定期借地権は，従来の借地権と異なり，当初定められた契約期間で借地関係が終了し，その後の更新はない。

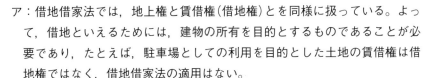

POINT!! 解説

ア：借地借家法では，地上権と賃借権（借地権）とを同様に扱っている。よっ
て，借地といえるためには，建物の所有を目的とするものであることが必
要であり，たとえば，駐車場としての利用を目的とした土地の賃借権は借
地権ではなく，借地借家法の適用はない。

イ：借地借家法は1991（平成3）年10月に成立し，1992年8月に施行さ
れた。これに伴い，従来の借地法・借家法は廃止された。しかし，借地借
家法の施行以前に設定された借地権については旧法の規定がそのまま適用
されている。

ウ：旧借地・旧借家法では，借地権の存続期間が，木造の場合には最低20
年（法定30年），マンションなどの堅固建物の場合は最低30年（法定60年）
となっている。

エ：借地借家法における借地権の存続期間は，建物構造（堅固・非堅固）に関
係なく最低30年（これ以上の期間は自由）となっている。よって，30年未
満の契約は30年の契約となる。

　なお，借地借家法における借地権は，その存続期間により，次の3種類
がある。ただ，一般に借地権といった場合，普通借地権をいう。よって，
先に述べたように普通借地権の存続期間（契約期間）は最低30年となる。

①一般の借地権（普通借地権）

②定期借地権

③一時使用目的の借地権

オ：旧借地法においては強い存続保証がなされており，当時，土地の貸手か
ら一旦土地を貸すと返ってこないと一般に考えられていたことから，借地
の供給が著しく減少することになった。こうした実状を打破し，借地の供
給量を増加させるため，借地借家法において定期借地権の制度が導入され
た。

試験情報

　第40回と第42回の販売士検定試験において，「借地借家法」に関す
る問題が正誤問題の形式で出題された。

正　解　□ ア 1　□ イ 1　□ ウ 2　□ エ 2　□ オ 1

第1章 第2章 第3章 第4章 模擬テスト

□ 次のア～オは，定期借地権に関する記述である。正しいものには
1を，誤っているものには2を記入しなさい。

ア　一般定期借地権は，借地期間を40年以上とすることを条件と
して，"契約の更新をしない""期間満了による建物の買取請求を
しない"などの特約を公正証書などの書面で契約することで成立
する。

イ　一般定期借地権は，"契約の更新をしない"などという内容の定
期借地権であるが，借地期間中に建物が滅失し再築された場合に
は契約期間の延長が認められる。

ウ　2008年1月に借地借家法が改正されたことで，事業用定期借
地権は従前の「10年以上20年以下」から「10年以上50年未満」に
延長された。

エ　建物譲渡特約付借地権は，借地権設定後30年以上経過した日
に，地主(借地権設定者)が借地人から借地上の建物を買い取るこ
とを約束した借地権である。

オ　事業用定期借地権の設定は特に書面による必要はなく口頭でも
可能であるが，建物譲渡特約付借地権の設定は公正証書によらな
ければならない。

POINT!! 解説

　定期借地権の種類には，一般定期借地権，事業用定期借地権，建物譲渡特
約付借地権，の3つがある。

ア：一般定期借地権の場合，借地期間を50年以上とすることを条件として
いる。また，一般定期借地権は，次の3つの特約を公正証書などの書面で
契約することで成立する。

・契約の更新をしない

・建物再築による期間の延長をしない

・期間満了による建物の買取請求をしない

　ハンドブックは，一般定期借地権の活用の動向について，次のように述

べている。

　「一般定期借地権は，自治体の遊休地での戦略的な活用が開始されており，また，都市再開発分野でも利用され始めている。さらに，商店街再開発において，複数の地権者の土地を定期借地権で土地利用権として集約し，合同化した再開発ビルを建設するなど，中心市街地活性化の分野で活用する動きも出てきている。」

イ：アで説明したように，3つの特約の1つに"建物再築による期間の延長をしない"という特約がある。よって，借地期間中に建物が滅失し再築された場合でも，契約期間の延長はない。

ウ：事業用定期借地権の存続期間が「10年以上50年未満」に延長されたことで，事業用使途で利用する場合は，その期間に応じて，10年以上50年未満では事業用定期借地権，50年以上では一般定期借地権というように使い分けができることになった。

　　また，30年以上の事業用定期借地権には建物譲渡特約付借地権を併用することができるため，活用のバリエーションは大きく広がっている。

エ：これについて，ハンドブックは，「借地権を設定する際に，借地権を消滅させるため30年以上経過した日に相当の対価で借地上の建物を地主に売却する旨の特約を結ぶことで，この借地権が設定される」と述べている。よって，建物譲渡特約付借地権は，地主が借地人から建物を買い取ることで借地権が消滅することになる。

オ：事業用定期借地権の設定は公正証書によらなければならない。しかし，建物譲渡特約付借地権を設定する場合，特に書面による必要はなく，口頭でも可能である（試験に出た！）。ただ，将来の紛争を予防するためにも書面による契約書を作成することが望ましいとされている。

正解 □ ア 2　□ イ 2　□ ウ 1　□ エ 1　□ オ 2

記述式穴埋問題（1）　　キーワードはこれだ！

> 次の各問の〔　　〕の部分にあてはまる最も適当な語句・短文など
> を記入しなさい。

① 都市計画区域では，秩序ある市街地を形成することを目的とした〔　ア　〕，
市街化を抑制する〔　イ　〕，そして区域区分が定められていない〔　ウ　〕の
3つに分けられる。

ア	イ
	ウ

② 市街化区域は土地の利用の用途により，〔　ア　〕，〔　イ　〕，工業系の3
つに大別されているが，さらに細かく13種類の〔　ウ　〕に分けられている。

ア	イ
	ウ

③ 第二種低層住居専用地域では，床面積の合計が〔　ア　〕㎡以内の一定の店
舗などは建築できる。〔　イ　〕は，農業の利便の増進を図りつつ，これと調
和した低層住宅に係る良好な住居の環境を保護する地域である。

ア	イ

④ 第一種住居地域では，用途に使用される部分が〔　ア　〕㎡以下の店舗など
は建築できる。第二種住居地域と準住居地域では，床面積が〔　イ　〕万㎡を超
える店舗などは建築できない。

ア	イ

⑤ 第一種低層住居専用地域では，店舗などとの兼用住宅で，店舗などの部分が〔 ア 〕m²以下，かつ，建築物の延べ面積の〔 イ 〕未満のものは建築できる。また，第一種中高層住居専用地域では，床面積の合計が〔 ウ 〕m²以内の一定の店舗などは建築できる。

ア	イ
	ウ

⑥ 〔 ア 〕は近隣の住宅地の住民に日用品の供給を主たる内容とする地域であり，〔 イ 〕は銀行，百貨店，飲食店などの店舗や事務所の利便を推進する地域である。

ア	イ

⑦ 〔 ア 〕は環境の悪化をもたらすおそれのない工業の利便の増進をはかる地域であり，〔 イ 〕は主として工業の利便の増進をはかる地域である。また，〔 ウ 〕は工業の利便の増進をはかるための地域で，物品販売店舗や飲食店は建てられない。

ア	イ
	ウ

⑧ 防火地域は都市計画法で定める〔 ア 〕の1つで，都市の中心市街地や主要駅前，主要〔 〕沿いなど，大規模な商業施設や多くの建物が密集し，火災などが発生すると大惨事になりかねない地域が指定される。

ア	イ

⑨ 〔 ア 〕で防火上の地域に定められているのは，防火地域と〔 イ 〕である。〔 イ 〕に指定されるのは，防火地域の外側で住宅などの建物が密集している地域である。

ア	イ

⑩ 1992（平成4）年に施行された借地借家法では，借地権の存続期間は建物構造(堅固・非堅固)に関係なく最低〔　　〕年とされた。

⑪ 定期借地権は1992（平成4）年の新法で新たに設けられた規定で，従来の借地権と異なり，当初定められた契約期間で〔 ア 〕し，その後の〔 イ 〕。

ア	イ

⑫ 定期借地権は借地期間を〔 ア 〕年以上とすることを条件として，3つの特約を公正証書などの書面で契約することで成立する。そして，この3つの特約をすることで，借地権は〔 イ 〕し，土地は〔 ウ 〕されることになる。

ア	イ
	ウ

⑬ 2008年の借地借家法の改正で，事業用定期借地権の存続期間は〔 ア 〕とされた。また，事業用定期借地権で30年以上の契約期間を定める場合〔 イ 〕を併用することで，〔 ウ 〕を前提としない方式も可能となった。

ア	イ
	ウ

__正解＆解説__

①アー市街化区域　　イー市街化調整区域　　ウー非線引き区域

　[解説]都市計画区域を，市街化区域あるいは市街化調整区域に分けることを「線引き」という。

②アー住居系　　イー商業系　　ウー用途地域

　[解説]それぞれの用途地域では，建てられる建物等の種類や大きさなどが制限されている。

③アー150　　イー田園住居地域

　[解説]「田園住居地域」という用途地域は2019年4月から追加され，この結果，用途地域は13種類になった。

④アー3,000　　イー1

　[解説]第一種住居地域は住居の環境を守るための地域であり，第二種住居地域は主に住居の環境を守るための地域である。準住居地域は，道路の沿道において，自動車関連施設などの立地と，これと調和した住居の環境を保護するための地域である。

⑤アー50　　イー2分の1　　ウー500

　[解説]第一種低層住居専用地域は低層住宅のための地域であり，一方，第一種中高層住居専用地域は中高層住宅のための地域である。

⑥アー近隣商業地域　　イー商業地域

　[解説]近隣商業地域は主としてまわりの住民の日用品を供給する地域であるが，店舗や事務所なども建てられる。一方，商業地域は主として店舗や事務所などの利便の増進をはかる地域である。

⑦アー準工業地域　　イー工業地域　　ウー工業専用地域

　[解説]ここでのポイントは，工業地域と工業専用地域の違いをチェックしておくことである。工業専用地域では物品販売店舗や飲食店は建てられないが，工業地域ではそれが可能である。

　　ただし，工業地域，工業専用地域とも，学校，病院などは建てられない。

⑧アー地域地区　　イー幹線道路

　[解説]地域地区とは，都市計画区域内の土地を21種類に分類したものである。地域地区には，用途地域，特別用途地区，特例容積率適用地区，防火地域・準防火地域，景観地区・準景観地区，伝統的建造物群保存地区などがある。ここでは，地域地区は21種類あり，用途地域も地域地区の1つであることを覚えておこう。

また，防火地域に指定されるのは建物が密集し，人が集まる繁華街などはもとより，消防車などが通る幹線道路沿いも指定される。

⑨ アー都市計画法　　イー準防火地域

解説 防火地域では建物の構造は厳しく制限されているが，準防火地域では，建物の構造上の制限は防火地域よりも緩やかになっている。

⑩ 30

解説 旧借地・旧借家法では，借地権の存続期間は，木造の場合は最低20年（法定30年），マンションなどの堅固建物の場合は最低30年（法定60年）となっている。

⑪ アー借地関係が終了　　イー更新はない

解説 旧借地法では，契約期間終了後，強い存続保証がなされていたため，"一旦土地を貸すと返ってこない"と一般に考えられていた。

⑫ アー50　　イー更新されることなく終了
ウー更地で地主に返還

解説 3つの特約とは，「契約の更新をしない」「建物再築による期間の延長をしない」「期間満了による建物の買取請求をしない」ということ。

⑬ アー10年以上50年未満　　イー建物譲渡特約付借地権
ウー建物収去

解説 2008年1月1日の借地借家法の改正で，事業用定期借地権は「10年以上20年以下」から「10年以上50年未満」に延長された。

実力養成 問題 建物の建築および防火に関する法令(1)
建築基準法(1)

□ 次のア～オのうち，正しいものには 1 を，誤っているものには 2 を記入しなさい。

ア 建築基準法における規制の内容は単体規定と集団規定の 2 つに大別され，前者は建築物の安全・衛生状況などに関する規制であり，後者は建築物と市街地の安全・環境の関係性に関する規制である。

イ 建ぺい率とは，敷地面積に対する建築面積のことで，ここでいう建築面積（建坪）とは，おおむね 1 階の床面積をいう。

ウ たとえば，250㎡の土地で，容積率が 150%であるならば，全体の延べ床面積が 350㎡までの建物を建てることができる。

エ 商業地域の建ぺい率は 60%で，容積率は 100%，150%，200%のうち都市計画で定める割合に制限される。

オ 準工業地域の建ぺい率は 50%，60%，80%のうち都市計画で定める割合に制限され，容積率は 100%，200%，300%のうち都市計画で定める割合に制限される。

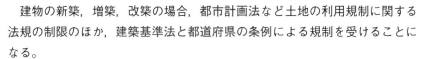

POINT!! ▶ 解説

建物の新築，増築，改築の場合，都市計画法など土地の利用規制に関する法規の制限のほか，建築基準法と都道府県の条例による規制を受けることになる。

ア：「建築物の安全・衛生状況などに関する規制で，すべての建築物に適用されるもの」を単体規定，「建築物と市街地の安全・環境の関係性に関する規制で，原則として都市計画区域内の建築物に適用されるもの」を集団規定という。

単体規定は建築物の使用者の生命，健康などを守るための基準で，次のようなものなどがある。

・地震，台風，積雪などに対する建築物の安全性の基準
・火災による延焼，倒壊の防止，避難施設の設置などに関する火災時の安全性の基準

集団規定は良好な市街地環境を確保するための基準で，次のようなものなどがある。

・敷地が一定の幅員以上の道路に接することを求める基準
・都市計画において定められた用途地域ごとに建築することができる建築物に関する基準
・建築物の容積率，建ぺい率の制限，高さの制限，日影規制などに関する基準

イ：建ぺい率＝$\dfrac{建築面積}{敷地面積}$×100（%）

よって，たとえば，建ぺい率50%の地域に300㎡の土地がある場合，次式より，150㎡までの広さの建物を建てることができる。

$$50 = \dfrac{建築面積}{300} \times 100$$

建築面積＝50×3＝150（㎡）

なお，壁から1m以上突出したひさしや軒がある場合には，その先端から1mを除いた部分の面積が建築面積に算入される。

たとえば，壁から2mひさしが出ていた場合，2－1＝1（m）の部分の面積が建築面積の算入の対象となる。このとき，ひさしの横の幅が10mの場合，1×10＝10（㎡）が建築面積に算入されることになる。

また，ハンドブックは建ぺい率について，次のように述べている。

「建ぺい率は，敷地内に一定割合以上の空き地を確保することで，建築物の日照，通風，防火，避難などを確保するため，都市計画区域内において，用途地域の種別，建築物の構造などにより，その最高限度が制限されている。」

これについては，下表「建ぺい率と容積率の制限」を見てもらいたい。

ウ：容積率＝$\dfrac{延べ床面積}{敷地面積}$×100（%）

延べ床面積とは，各階の床面積を合計したものである。

よって，250㎡の土地で，容積率が150%であるならば，次式が成立する。

$$150 = \dfrac{延べ床面積}{250} \times 100$$

延べ床面積＝$\dfrac{150 \times 250}{100}$＝15×25＝375（㎡）

また，ハンドブックは容積率について，次のように述べている。

表　建ぺい率と容積率の制限

	建ぺい率	容積率
第一種低層住居専用地域	30, 40, 50, 60%のうち都市計画で定める割合	50, 60, 80, 100, 150, 200%のうち都市計画で定める割合
第二種低層住居専用地域	30, 40, 50, 60%のうち都市計画で定める割合	50, 60, 80, 100, 150, 200%のうち都市計画で定める割合
田園住居地域	30, 40, 50, 60%のうち都市計画で定める割合	50, 60, 80, 100, 150, 200%のうち都市計画で定める割合
第一種中高層住居専用地域	30, 40, 50, 60%のうち都市計画で定める割合	100, 150, 200, 300, 400, 500%のうち都市計画で定める割合
第二種中高層住居専用地域	30, 40, 50, 60%のうち都市計画で定める割合	100, 150, 200, 300, 400, 500%のうち都市計画で定める割合
第一種住居地域	50, 60, 80%のうち都市計画で定める割合	100, 150, 200, 300, 400, 500%のうち都市計画で定める割合
第二種住居地域	50, 60, 80%のうち都市計画で定める割合	100, 150, 200, 300, 400, 500%のうち都市計画で定める割合
準住居地域	50, 60, 80%のうち都市計画で定める割合	100, 150, 200, 300, 400, 500%のうち都市計画で定める割合
近隣商業地域	60, 80%のうち都市計画で定める割合	100, 150, 200, 300, 400, 500%のうち都市計画で定める割合
商業地域	80%	200, 300, 400, 500, 600, 700, 800, 900, 1000, 1100, 1200, 1300%のうち都市計画で定める割合
準工業地域	50, 60, 80%のうち都市計画で定める割合	100, 150, 200, 300, 400, 500%のうち都市計画で定める割合
工業地域	50, 60%のうち都市計画で定める割合	100, 150, 200, 300, 400%のうち都市計画で定める割合
工業専用地域	30, 40, 50, 60%のうち都市計画で定める割合	100, 150, 200, 300, 400%のうち都市計画で定める割合
都市計画区域内で用途地域の指定のない区域	30, 40, 50, 60, 70%のうち特定行政庁が定める割合	50, 80, 100, 200, 300, 400%のうち特定行政庁が定める割合

出所：『販売士ハンドブック（発展編）』

「容積率の限度は，都市計画で用途地域に応じて定められた限度と，前面道路（敷地が実際に接する道路）の幅員に応じて定められた限度があり，いずれか厳しい限度が適用される。」

「都市計画で用途地域に応じて定められた限度」とは，表「建ぺい率と容積率の制限」の中の「容積率」のことである。たとえば準工業地域の容積率は，「100%，150%，200%，300%，400%，500%のうち都市計画で定める割合に制限される」ことになる。

次に，「前面道路の幅員に応じて定められた限度」とは，次のような意味である。

たとえば，前面道路の幅員による容積率の限度は，商業系の用途地域では，基本的に前面道路幅員（m）$\times \dfrac{6}{10}$ によって算出することになっている。よって，前面道路幅員が6mの場合，容積率 $= 6 \times \dfrac{6}{10} = \dfrac{36}{10} = 3.6$　よって，容積率は360%となる。もし，このとき，都市計画で定められた容積率が400%であるならば，容積率の限度は360%となる。

エとオ：表「建ぺい率と容積率の制限」を見てもらいたい。

エは建ぺい率，容積率とも誤りであり，オは容積率が誤った記述となっている。

正解　□ア2　□イ1　□ウ2　□エ2　□オ2

実力養成問題　建物の建築および防火に関する法令(2)
建築基準法(2)

□ 次のア～オのうち，正しいものには1を，誤っているものには2を記入しなさい。

ア　建築基準法でいう「道路」とは，原則として公道などの幅員4m以上のものをいう。

イ　都市計画区域および準都市計画区域内の一般建築物の敷地は，幅員4m以上の道路に間口2m以上接していなければならない。これを接道義務という。

ウ　第二種低層住居専用地域では，店舗等の床面積が150㎡以下の建築物を建てることはできるが，その店舗は日用品販売店舗・喫茶店・理髪店および建具屋などのサービス兼用店舗・パン屋などで，建築物は2階以下となっている。

エ　第一種住居地域では，店舗等の床面積が3,000㎡超で10,000㎡以下の建築物を建てることができる。

オ　準工業地域では住宅を建てることができるが，工業地域および工業専用地域では住宅を建てることはできない。

POINT!! 解説

ア：ただし，幅員4m未満の道でも，建築基準法の道路(いわゆる「2項道路」)とみなされる場合がある。

　　なお，幅員4m以上のもの，あるいは2項道路に接していない敷地には原則として建築物を建てることはできない。

イ：また，ハンドブックは接道義務に関して，「百貨店やスーパーマーケットなどの特殊建築物，3階以上の建築物など一定の建築物については，防災上の通路や避難経路，交通の安全性などを確保するために，地方公共団体は接道義務を加重することができる」と述べている。

ウ：下表の「用途地域による建築物の用途制限(抜粋)」を見てもらいたい。

　　第一種低層住居専用地域では，「店舗等の床面積が150㎡以下」の建築物を建てることはできない。しかし，第二種低層住居専用地域，田園住居地域などでは建築が可能である。

表　用途地域による建築物の用途制限（抜粋）

○ 建築できる用途　　■ 建築できない用途

建築物 ＼ 用途地域	第一種低層住居専用地域	第二種低層住居専用地域	田園住居地域	第一種中高層住居専用地域	第二種中高層住居専用地域	第一種住居地域	第二種住居地域	準住居地域	近隣商業地域	商業地域	準工業地域	工業地域	工業専用地域
住居・共同住宅・寄宿舎・下宿	○	○	○	○	○	○	○	○	○	○	○	○	■
兼用住宅（兼用店舗などの床面積が一定規模以下）	○	○	○	○	○	○	○	○	○	○	○	○	○
店舗等の床面積が150m²以下	■	①	①	②	③	○	○	○	○	○	○	○	④
店舗等の床面積が150m²超で500m²以下	■	■	⑤	②	③	○	○	○	○	○	○	○	④
店舗等の床面積が500m²超で1,500m²以下	■	■	■	■	③	○	○	○	○	○	○	○	④
店舗等の床面積が1,500m²超で3,000m²以下	■	■	■	■	■	○	○	○	○	○	○	○	④
店舗等の床面積が3,000m²超で10,000m²以下	■	■	■	■	■	■	○	○	○	○	○	○	④
店舗等で床面積が10,000m²超	■	■	■	■	■	■	■	■	○	○	○	■	■

① 日用品販売店舗・喫茶店・理髪店および建具屋などのサービス業用店舗・パン屋などで2階以下。
② ①に加えて物品販売店舗・飲食店・損保代理店・銀行の支店などで2階以下。
③ 2階以下。
④ 物品販売店舗と飲食店を除く。
⑤ 農産物販売所や農業の利便を増進するために必要な店舗，飲食店などで2階以下。

出所：『販売士ハンドブック（発展編）』

エ：上表からわかるように，「店舗等の床面積が3,000㎡超で10,000㎡以下」の建築物を建てることができるのは第二種住居地域などであり，第一種住居地域ではできない。

オ：住宅を建てることができないのは工業専用地域だけである。上表の「第一種低層住居専用地域～工業地域まで」，住宅を建てることができる。

正解　□ ア 1　□ イ 1　□ ウ 1　□ エ 2　□ オ 2

実力養成問題　建物の建築および防火に関する法令(3)
建築基準法(3)

□ 次のア～オは，高さ制限，広告塔・広告板，店舗建築の確認申請に関する記述である。正しいものには1を，誤っているものには2を記入しなさい。

ア　前面道路の幅員や隣地境界線などから，建築物の高さ制限には，道路斜線制限，隣地斜線制限，北側斜線制限などがある。

イ　隣地斜線制限は，隣地の境界線を起点として「高さ」と「斜線の勾配」により規制される。しかし，近隣商業地域と商業地域については隣地斜線制限の適用はない。

ウ　北側斜線制限は，北側の隣地の日照確保に配慮するための高さの制限であり，低層住居専用地域(第一種・第二種)，田園住居地域，中高層住居専用地域(第一種・第二種)にのみ適用されている。

エ　高さ4mを超える独立の広告塔，広告板，その他政令で定める工作物には，建築基準法の規定が準用される。

オ　百貨店やスーパーマーケットなど特殊建築物の建築では，その用途に供する床面積の合計が300㎡を超える場合，工事着手前にその工事計画が法令・条例に適合しているかどうかについて，都道府県，区，市町村の建築主事の確認を受けなければならない。

POINT!! 　解説

ア：ハンドブックでは，道路斜線制限について，「前面道路の幅員により，また，緩和措置によって道路境界線から建物を後退して建てる距離により，道路から一定の範囲内で建築物の各部分の高さを制限するものである」と述べている。

　道路斜線制限の目的は，道路から一定の範囲内で建築物の各部分の高さを制限することで，道路自体の採光や通風を確保することにある。

　道路斜線制限は，図2のように，建物の前面道路の反対側の境界線(図2では点B)を起点として，適用範囲(距離)と斜線の勾配によって規定される。

　図2において，境界線は点Aであるので，その反対側の境界線は点Bとなる。

たとえば、「適用範囲が前面道路の200%以下で20mまで」、斜線の勾配が「1：1.25」の角度である場合、次の手順で道路斜線制限を決めることになる。

まず、斜線の勾配が「1：1.25」の角度であるので、勾配は図1のようにかける。

次に、CDの長さは、「適用距離」にあたるので、この長さが20mであるとすると、

$1.25 : 1 = x : 20$ より、

$x = 20 \times 1.25$

$\quad = 25$ （m）

$BC = 25$ （m）

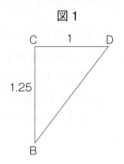

図1

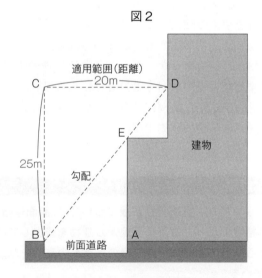

図2

道路境界線から建物を後退して建てる場合、図3のようになる。図2と図3を比べるとわかるように、建物の形は異なるものとなる。

図３

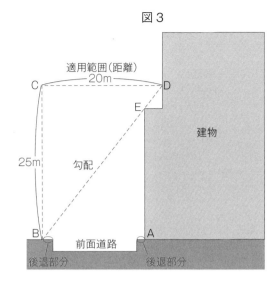

適用範囲（距離）
20m

C　　　　　　D

E

建物

25m　勾配

B　　　A
前面道路
後退部分　　　後退部分

イ：「隣地斜線制限は，隣地の境界線を起点として「高さ」と「斜線の勾配」に
より規制される」という記述は正しい。よって，これはよく覚えておくこ
と。

　　しかし，「近隣商業地域と商業地域については隣地斜線制限の適用はな
い」という記述は誤り。隣地斜線制限の適用がなされないのは第一種低層
住居専用地域，第二種低層住居専用地域，田園住居地域である。なぜな
ら，第一種低層住居専用地域，第二種低層住居専用地域，田園住居地域で
は，建物の絶対高さが10m あるいは12m に制限されている。

　　第一種中高層住居専用地域，第二種中高層住居専用地域，第一種住居地
域，第二種住居地域，準住居地域においては，建物の高さは，「隣地境界
線までの水平距離の“1.25 倍に 20 m”を加えたもの以下」に制限されてい
る。この文の意味は図４に示すように，「隣地境界線から垂直に高さ20 m
（AB）をとり，その地点（点B）から 1：1.25 の角度の斜線内の範囲におさ
める（斜線内）」ということである。

　　また，商業系と工業系の用途地域では，隣地境界線上の31m の高さから，
1：2.5 の勾配でラインを引くことになる。

　　ハンドブックでは，隣地斜線制限について，「隣地境界線からの水平距
離による建築物の高さの制限である」と述べている。

図4 「住宅系の用途地域での隣地斜線制限」

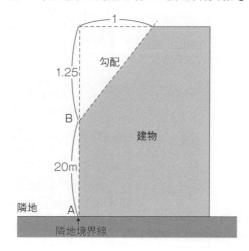

ウ：正しい記述である。よって，北側斜線制限は，北側の隣地の日照確保に
　配慮するための高さの制限，ということになる。
　　北側斜線制限は図6に示すように，北側隣地境界線を起点として「高さ」
　と「斜線の勾配」によって規制される。よって，隣地斜線制限との違いの1
　つは，「隣地境界線」の箇所が「北側隣地境界線」に変わったことである。
　　たとえば，「第一種低層住居専用地域と第二種低層住居専用地域の建築
　物の各部分の高さは，その部分から前面道路の反対側境界線，または隣地
　境界線までの真北方向の水平距離の1.25倍に5mを加えたもの以下」に制
　限されている。
　　よって，「北側前面道路の反対側境界線」の場合には図5，「北側隣地境
　界線」の場合には図6となる。
　　なお，図4と図6を比較してみるとわかるように，「隣地斜線制限」と「北
　側斜線制限」の違いは，「高さ」が異なることである。

図5

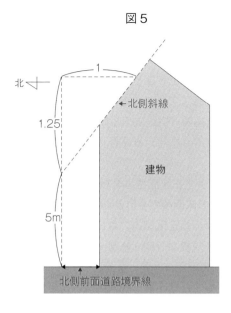

北側斜線

建物

北側前面道路境界線

図6

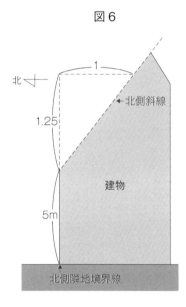

北側斜線

建物

北側隣地境界線

エ：これに類似した問題は，第81回販売士検定試験で出題された。なお，ハンドブックは，これに続いて，次のように述べている。

　「また，美観維持と危害防止のための屋外広告物に対する規制があり，制限の具体的内容は条例に定めるところにより都道府県知事が決定する。

　さらに，道路に広告板，アーチその他の工作物を設置する場合には，道路使用について道路交通法，道路法の規制がある。」

オ：「床面積の合計が300㎡を超える場合」の箇所が誤り。300㎡ではなく，200㎡が正しい。

　また，「その用途に供する床面積の合計が200㎡を超える場合」のほか，「増築の場合は増築後の床面積の合計が200㎡を超える場合（都市計画区域内および都道府県知事の指定区域内においては10㎡を超える場合），またはこれらの建築物の大規模な改築，修繕，模様替え，用途変更などを行う場合」にも，建築主事の確認が必要となる。

　なお，都市計画区域または準都市計画区域と準景観地区に指定された区域内で建築物を建築しようとするときには，原則としてその規模に関係なく，あらかじめ建築主事（または指定確認検査機関）による建築確認を受けなければならない。

正解 □ア1 □イ2 □ウ1 □エ1 □オ2

実力養成問題 | 建物の建築および防火に関する法令(4)
防火に関する法令(1)

□ 次のア〜オについて，正しいものには1を，誤っているものには2を記入しなさい。

ア　高さが60mを超える建築物や，高さが60m以下の建築物のうち木造で高さが13mを超えているか軒の高さが9mを超えている建築物などは，構造計算によって安全性を確かめなければならない。

イ　防火地域内では，階数が4以上であり，また延べ面積が150㎡を超える建築物は耐火建築物か延焼防止建築物とし，その以外の建築物は準耐火建築物としなければならない。

ウ　建築物の内部で火災が発生したとき，火災の拡大を防ぎ，被害を最小限にとどめるとともに，避難が円滑に行えることを目的に，建築基準法では大規模建築物内部の防火区画を義務づけている。

エ　建築基準法では，百貨店やスーパーマーケットなどの特殊建築物については，仕上げを不燃材料などの燃えにくい材料とする内装制限を規定しており，特に，廊下や階段などの避難に用いられるスペースには厳しい制限を設けている。

オ　床面積が1,500㎡を超える物品販売を営む店舗は，5階以上の階に売場を設ける場合，直通階段のうちの1つ以上を避難階段としなければならない。

POINT!! 〉解説

　ハンドブックは，防火に関する法令について，次のように述べている。
　「防災の関連法規は広範囲にわたり，法令相互の関係も複雑である。地域全体の面から都市計画法があり，防火，消火，避難などの観点から建物の構造，内装，防火設備などの規制については建築基準法があり，また，店舗の防火管理体制の強化，消防設備の整備については消防法と関連する法令がある。」

125

ア：建築物の構造規制に関して述べたものである。

これらのほかに，鉄骨造で地階を除く階数が4以上の建築物，鉄筋コンクリート造または鉄骨鉄筋コンクリート造で高さが20mを超える建築物なども，構造計算によって安全性を確かめなければならないとされている。

また，ハンドブックでは，「床，屋根，階段以外の主要構造部に，木材，プラスチックなどの可燃材料を用いた建築物で，延べ面積が3,000㎡を超えているか，高さが16mを超えているか，あるいは地階を除いて階数が4階以上の場合には，原則として主要構造部を耐火構造などにしなければならない(建築基準法第21条)」と述べている。

イ：「階数が4以上」は誤りで，3以上が正しい。

また，「延べ面積が150㎡を超える」は誤りで，100㎡が正しい。

さらに，「その以外の建築物は準耐火建築物としなければならない」は誤りで，「その以外の建築物は耐火建築物・延焼防止建築物・準耐火建築物・準延焼防止建築物などにしなければならない」が正しい。

ここでいう，「その以外の建築物」とは，「階数が2以下で，かつ，延べ面積が100㎡以下の建築物」をいう。

なお，ハンドブックは，「準防火地域内では，地階を除く階数が4以上，または延べ面積が1,500㎡を超える建築物については，耐火建築物か延焼防止建築物にしなければならない」と述べている。

ウ：防火区画とは，建築基準法に定められた区画で，火災の発生時に火災・煙の拡大を一定範囲内に留めることを目的として設置されるものである。防火区画は，主要構造部を耐火構造または準耐火構造とした建築物に対して設置基準が定められており，大きく分けて面積区画，高層階区画，竪穴区画，異種用途区画の4種類がある。なお，旧・ハンドブックは耐火構造と準耐火構造について，次のように述べている。

◆耐火構造

壁・柱・床などの建築物の部分が，通常の火災が終了するまでの間，火災によって建築物が倒壊および延焼することを防止するために必要とされる性能を持っている構造のことをいう。

◆準耐火構造

壁・柱・床などの建築物の部分が，通常の火災による延焼を抑制するために必要とされる性能を持っている構造のことをいう。

エ：また，建築基準法では，「火災や地震などの非常時に安全な避難活動が確保されるための措置が必要な建築物をあらかじめ定め，避難経路となる廊下，階段，出入り口の寸法，構造，配置などにさまざまな規定を設け，建築物の室内から安全に避難できるようにしている」。

オ：ハンドブックによれば，床面積が1,500㎡を超える物品販売を営む店舗には，次のような避難規定が設けられている。

　①各階の売場から避難階段または地上に通じる直通階段を2つ以上設けなければならない。

　②3階以上の階に売場を設ける場合は，各階の売場および屋上広場に通じる直通階段を2つ以上設け，避難階段か特別避難階段としなければならない。

　③5階以上の階に売場を設ける場合は，直通階段のうちの1つ以上を特別避難階段としなければならない。

　④15階以上の階に売場を設ける場合は，直通階段すべてを特別避難階段としなければならない。

　◆直通階段……建物のある階から，その階段だけを通って直接に地上に出られる出入り口がある階に到達できる階段のこと。

　◆避難階段……火災時に多数の人が安全に避難できる基準を満たしている階段のこと。もちろん，直通階段である。

　◆特別避難階段……火災時において階段に火や煙が入らないよう，避難階段の規定をさらに強化した階段のこと。

第1章

第2章

第3章

第4章

模擬テスト

正解　□ア1　□イ2　□ウ1　□エ1　□オ2

□ 次のア～オについて,正しいものには1を,誤っているものには2を記入しなさい。

ア 政令で定める消防用の設備,消防用水,消火活動上必要な設備を消防用設備といい,消防用の設備として消火設備,警報設備,避難設備の3つが政令で定められている。

イ 警報設備には自動火災報知設備,ガス漏れ火災警報設備があるが,これらは売場面積の大小に関係なく,すべての店舗に設置が義務づけられている。

ウ 百貨店など政令で定める大規模な小売店舗では,有資格者の中から防火管理者を選任し,遅滞なく消防長(消防署長)に届け出なければならない。

エ バリアフリー法では,政令で,学校,病院,劇場,ホテルなど多数の人が利用する建築物を「特別特定建築物」と定めている。

オ 建築物移動等円滑化誘導基準を満たす特定建築物の建築主は,建築(新築・増築・改築),修繕,模様替えにあたり,計画の所管行政庁の認定を受けることができる。

POINT!! 解説

ア:消火設備は,水,その他消火剤を使用して消火を行う機械器具または設備であり,消火器,簡易消火用具,屋内消火栓設備,スプリンクラー設備,水噴霧消火設備などがある。

イ:警報設備は,一定規模以上の小売店や地下街などに設置する必要がある。警報設備には,次のものなどがある。

・自動火災報知設備　　・ガス漏れ火災警報設備
・漏電火災警報器　　　・消防機関へ通報する火災報知設備
・非常警報器具または非常警報設備

　また,避難設備には,避難器具,誘導灯,誘導標識があり,いずれも一定の条件のもとに設置することが義務づけられている。

避難器具には，次のものなどがある。

- ・滑り台　　・避難はしご　　・救助袋
- ・緩降機　　・避難橋　　　　・避難用タラップ

ウ：ハンドブックは，**防火管理者**について，「消防設備や火気設備などの点検，整備のできる管理的または監督的な地位にある人で，法令で定める講習を受講した人などをいう」と述べている。

　　防火管理者の職務内容は，次のものなどである。

- ・店舗建物についての消防計画の作成
- ・消防計画にもとづく消火，通報および避難訓練の実施
- ・消防用設備，消防用水，消火活動上必要な施設の点検整備

エ：バリアフリー法の正式名称は「高齢者，障害者等の移動等の円滑化の促進に関する法律」で，2006（平成18）年に施行された。同法は，ハートビル法と交通バリアフリー法を統合・拡充したものである。

　　なお，同法では，政令で，学校，病院，劇場，ホテルなど多数の人が利用する建築物を「特定建築物」，不特定多数の人または主として高齢者，障がい者などが利用する特定建築物を「特別特定建築物」と定めている。そして，床面積の合計が2,000㎡以上の特別特定建築物を建築（新築・増築・改築），用途変更する場合は「建築物移動等円滑化基準」に適合することを義務づけている。

オ：所管行政庁から計画が認定されると，その特定建築物は認定特定建築物となり，シンボルマークを表示できるほか，容積率の特例，税制上の特例措置，低利融資，補助制度の支援措置が受けられる。

　　なお，「建築物移動等円滑化誘導基準」とは，車いす使用者同士がすれ違うことができる十分な廊下幅員の確保，高齢者，障がい者などの利用に配慮したトイレやエレベーターの設置などがなされていることをいう。

第4章

正　解　□ ア 1　□ イ 2　□ ウ 1　□ エ 2　□ オ 1

□ 次のア～オについて，正しいものには1を，誤っているものには
2を記入しなさい。

ア　リースを利用するメリットは，自己資金が不足していても，必
要な設備を購入できることである。

イ　リースを利用するデメリットは，購入した設備が途中で不要に
なっても，中途解約ができないことである。

ウ　レンタル業者は貸出物件を在庫として保有していないが，リー
ス業者はリース物件を在庫として保有している。

エ　レンタルの場合，一般に貸出期間中に故障等が発生すると，そ
の費用はユーザーが負担することになる。

オ　リース月額料は短期レンタルより割高であるが，リース期間が
終了した後の再リース料は割安となる。

POINT!! 解説

ア：リースとは，リース会社が特定の企業のために，その企業が必要として
いる機械・設備等を購入し，その物件を比較的長期にわたり賃貸する取引
である。よって，自己資金がまったくなくても，必要な設備を購入でき
る。ただし，所有権はリース会社にある。

イ：リース会社が特定の会社のために，多額な資金で機械・設備等を購入し，
それを特定の会社に賃貸しているので，中途解約はできない。それを認め
ると，リース会社は大きな損失を受けることになる。

ウ：リース業者(会社)はリース物件を在庫として保有していない。なぜなら，
借り主の要望を受けて機械・設備等を購入し，それを貸し出す。一方，レ
ンタル業者は一定の貸出物件を保有して，要望に応じてそれを貸し出す。

エ：レンタルの場合，貸出期間中に故障等が発生すると，その費用はレンタ
ル業者が負担する。

　一方，リースの場合，故障等が発生すると，その費用は原則としてユー
ザーの負担となる。

オ：リース月額料は短期レンタルよりも割安である。一般に，レンタル月額

はリース月額料より割高である。

なお，リース期間が満了した後の再リース料はさらに割安となる。

表　リース，レンタル，割賦の比較

	リース（ここではファイナンスリース）	レンタル	割賦（延払取引）
物件対象	リース適格物件※リース会社ごとにあり	特定の汎用物（CD・DVD，OA機器，什器，建機等）	自由（機械設備，不動産含む）
物件の選定	顧客(ユーザー)の希望する機種を自由に選定可能	レンタル会社の在庫から選定	顧客の希望する機種を自由に選定可能
契約期間	通常2～10年※ファイナンスリースおよびオペレーティング共にリース会社ごとにメニューあり	短期レンタル（時間単位から1年以下）長期レンタル（1年以上）もあり※ファイナンスリースと判定されない範囲としてメニューアップ	通常5年以内
物件の所有権	リース会社	レンタル会社	完済後お客様（所有権留保時に移行）
損金処理	原則リース料全額	レンタル料全額	減価償却費・利息
在　庫	リース会社は保有しない	レンタル会社にて保有	保有しない
保守・修繕義務	顧客管理一般的に故障時は顧客負担（メンテナンスリースの場合はリース会社）	レンタル会社一般的に貸出期間中にユーザー過失，天変地異等以外で生じた故障等にはレンタル会社から代替機提供	顧客または別途に保守契約
中途解約	×（原則不可）リース解約違約金あり	○（原則可能）早期解約精算金が発生する場合あり	×（原則不可）
月額料金	リース月額料は短期レンタルより割安リース期間が満了した後の再リース料はさらに割安	期間に合わせた短期間での利用が可能一般的にはレンタル月額はリース月額料より割高	物件代金と金利の合計金額を割賦対応月数で割った料金

総支払料金	物件の全額＋金利＋手数料をリース契約期間で支払うため，一般的に1年以下の短期レンタル総支払料金より割高	1年未満の短期レンタル総支払料金では一般的にリース総支払料金より割安	一括支払いに比べると割高
契約期間満了後の物件の扱い	リース会社へ返却もしくは再リース契約で延長利用 （所有権移転リースの場合は顧客の資産）	レンタル会社に返却または契約延長	顧客の資産

出典：RICOH Communication Club HP
出所：『販売士ハンドブック（発展編）』

なお，ハンドブックは，リースとレンタルの相違点として，次のものを挙げている。

① リースは特定のユーザーとの長期的，かつ，専属的な使用契約であるが，レンタルは不特定多数の使用者との短期的，かつ，単発的な使用契約である。

② リース契約は通常，中途解約が認められないが，レンタル契約は解約が比較的自由である。

③ リース業者はリース物件を在庫として所有していないが，レンタル業者は一定の在庫を確保している。

④ リース物件の保守・修理などの費用は通常，ユーザーの負担であるが，レンタルの場合はレンタル業者が負担する。

⑤ リースのユーザーは，低率のリース料で再リース契約やリース終了時に低額で買取りすることができる。

正解 □ ア 1 □ イ 1 □ ウ 2 □ エ 2 □ オ 2

実力養成問題　商業設備などの法知識(2)
リース契約(1)

□ 次のア～オについて，正しいものには1を，誤っているものには2を記入しなさい。

ア　ファイナンスリース取引とは，ノンキャンセラブルとフルペイアウトの2つの条件を満たすものをいう。

イ　オペレーティングリース取引とは，ノンキャンセラブルとフルペイアウトの2つの条件を満たさないものをいう。

ウ　レンタルは，ファイナンスリース取引はもちろんのこと，オペレーティングリース取引にも含まれない。

エ　ファイナンスリース取引では，通常，リース業者は特約にもとづいて，リース物件の品質等の不適合があった場合の責任を負担し，保守責任も負っている。

オ　メンテナンスリース取引は特約により，リース業者が故障の修理や保守対応などのサービスを行うもので，その分リース料が高くなる。

POINT!! 解説

　リース契約には，ファイナンスリース取引とオペレーティングリース取引の2つがある。

ア：ノンキャンセラブルとは，中途解約ができないことと，これに準ずる取引もできないことをいう。

　フルペイアウトについて，ハンドブックは「リースによって調達した資産の経済的利益と使用に際して必要となるコストを借り手が負担するもの」と述べている。

　前半の「リースによって調達した資産の経済的利益」とは，当該リース物件から得られる経済的利益のことである。この経済的利益は借り手(ユーザー)が享受できる。

　後半の「使用に際して必要となるコストを借り手が負担するもの」とは，当該リース物件の取得に必要な金額，維持管理の費用，リスクなどのコストを借り手が負担するということ。

　以上をまとめると，ファイナンスリース取引とは，「リース業者が借り手(ユーザー，賃借人)に代わって当該物件を購入し，これを借り手に賃貸し，賃貸期間中にリース業者が投下した資本の全額，および金利，利益を借り手からリース料として回収するとともに，リース期間中の中途解約を認めないという契約」である。そして，リース業者が投下資本の全額などを回収するためには，「使用に際して必要となるコストを借り手が負担しなければならない」ということ。

イ：オペレーティングリース取引とは，ファイナンスリース取引以外のリースの総称である。

ウ：レンタルはオペレーティングリース取引に含まれる。

エ：通常，リース業者は契約不適合の免責特約にもとづいて，リース物件の品質等の不適合があった場合の責任を負担しないし，保守責任も負わない。こうした特約は判例上有効とされており，ここに"リースの本質が金融"といわれる理由がある。

オ：これとは反対に，ネットリース取引は税金を含めたいっさいの付帯費用をユーザーが負担するため，リース料は安くなる。

正解 □ ア 1 □ イ 1 □ ウ 2 □ エ 2 □ オ 1

図 リース取引の概要

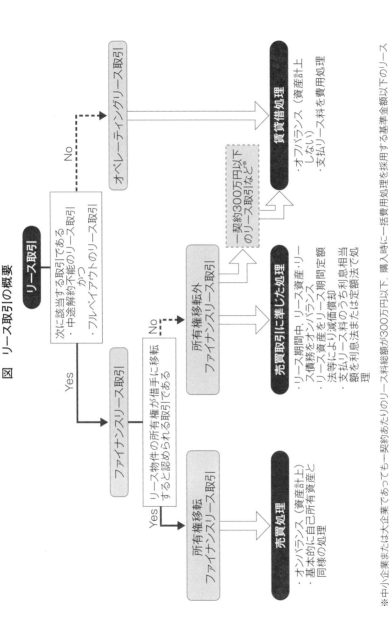

リース取引

次に該当する取引である
・中途解約不能のリース取引
かつ
・フルペイアウトのリース取引

Yes → **ファイナンスリース取引**

No ┈→ **オペレーティングリース取引**

ファイナンスリース取引

リース物件の所有権が借手に移転
すると認められる取引である

Yes → **所有権移転ファイナンスリース取引**

No ┈→ **所有権移転外ファイナンスリース取引**

所有権移転ファイナンスリース取引 → **売買処理**

売買処理
・オンバランス（資産計上）
・基本的に自己所有資産と同様の処理

所有権移転外ファイナンスリース取引 → **売買取引に準じた処理**

━ 契約300万円以下のリース取引など※ ━→

売買取引に準じた処理
・リース期間中、リース資産・リース債務をオンバランス
・リース資産をリース期間定額法等により減価償却
・支払リース料のうち利息相当額を利息法または定額法で処理

オペレーティングリース取引 → **賃貸借処理**

賃貸借処理
・オフバランス（資産計上しない）
・支払リース料を費用処理

※中小企業または大企業であっても一契約あたりのリース料総額が300万円以下、購入時に一括費用処理を採用する基準金額以下のリース取引、リース期間1年以内（再リース取引等）のリース取引。
出典：シャープファイナンス株式会社HP
出所：『販売士ハンドブック（発展編）』

商業設備などの法知識(3)
リース契約(2)

□ 次の図中の(1)〜(7)は，ファイナンスリース契約の成立過程を番号で示したものである。図中の〔 〕に該当するものを下の語群から選びなさい。

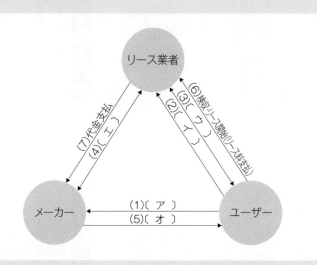

〈語 群〉

①リース資産　②リース契約　③物件納入
④フルペイアウト　⑤物件等の決定　⑥リース債務
⑦借受証の交付　⑧売買契約
⑨瑕疵担保責任の負担　⑩リース申込

POINT!! 解説

　上問の類似問題は，第39回販売士検定試験で出題された。そのときの〔 〕の箇所は次の5つである。

　(2)リース申込　　(3)リース契約　　(4)売買契約
　(5)物件納入　　(7)代金支払

　ネット試験の導入により，上問の類似問題は，"記述式穴埋問題"での出題が予想されるので，しっかりチェックしておきたい。

図 ファイナンスリース契約の成立過程

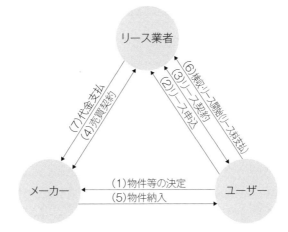

出所：『販売士ハンドブック（発展編）』

ハンドブックは，上図の(1)〜(7)の成立過程について，それぞれ次のように説明している。

(1) ユーザーとメーカーとの間で，リースの対象となる物件を選定し，価格や納期などを決定する。

(2) ユーザーからリース業者にその物件のリースの申込みをする。

(3) リース業者はユーザーの信用調査を行い，適格であればユーザーとリース契約を締結する。

(4) リース業者は当該物件のメーカーとの間で，ユーザーとメーカーが決定した条件で売買契約を締結する。

(5) メーカーは物件をユーザーに直接，納入する。

(6) ユーザーは物件の検収を行い，リース業者に借受証を交付してリース期間が開始され，リース料の支払いをする。

(7) リース業者はメーカーに代金を支払う。

正 解　□ ア ⑤　□ イ ⑩　□ ウ ②　□ エ ⑧　□ オ ③

第1章

第2章

第3章

第4章

模擬テスト

□ 次の文中の〔　〕の部分に，下記の語群のうち最も適当なものを
　選びなさい。

　　〔ア〕が物件の借受証を〔イ〕に交付することは，売主から物件の
　引渡しを受け，〔ウ〕が終了したことを意味するので，〔エ〕の支払
　債務が発生したことになる。〔ア〕は借受証交付の前に物件の品
　質，機能などをよく確認しなければならない。
　　物件に契約不適合があれば，直ちに〔オ〕と〔イ〕に通知しなけれ
　ばならない。特約により〔イ〕が契約不適合責任を負担しない場合
　でも，〔オ〕に対しては責任の追及ができるからである。

〈語　群〉

①リース業者　　②検収　　　　③メーカー
④再リース契約　⑤リース取引　⑥納品
⑦レンタル業者　⑧ユーザー　　⑨メンテナンス
⑩リース料

POINT!! ▶解説

　上文は「リース契約上の注意点」に述べたものである。

　解法の手がかりとなる箇所は「〔イ〕が契約不適合責任を負担しない場合」。
これより，〔イ〕には「リース業者」が入る。

　そこで，冒頭の「〔ア〕が物件の借受証を〔イ（リース業者）〕に交付すること
は，売主から物件の引渡しを受け，〔ウ〕が終了したことを意味する」に着目
する。これより，〔ア〕には「ユーザー」，〔ウ〕には「検収」が入ることになる。

正　解 　□ ア⑧　□ イ①　□ ウ②　□ エ⑩　□ オ③

実力養成 問題

商業設備などの法知識(5)
ソフトウェアリース

□ 次の文中の〔　〕の部分に該当する語句を記入しなさい。

　　ソフトウェアを利用するには，ソフトウェアの〔ア〕(使用権設定者)と使用許諾契約を締結し，使用権を獲得する方法がある。ソフトウェアリース取引は，〔イ〕が〔ア〕など(著作権者または販売会社など)との間で「〔ウ〕(無形固定資産)設定契約」にもとづき使用権を取得し，その〔ウ〕を〔エ〕にもとづき〔オ〕に再許諾する賃貸借取引である。

POINT!! 解説

　　最近，ソフトウェアリース取引が盛んに行われるようになった。その背景には，「従来，コンピュータのソフトウェアはハードウェアの価格に含まれて一体として供給されていたが，最近ではハードウェアとソフトウェアが区別され，ソフトウェアはハードウェアとは別のメーカーから供給されることが多くなったこと」がある。

　　ソフトウェアリース取引とは，リース会社がメーカーなどとの間で「ソフトウェア使用権設定契約」にもとづき使用権を取得し，そのソフトウェア使用権をリース契約にもとづきユーザーに再許諾する賃貸借取引である。

図　ソフトウェアリースのスキーム

出所:『販売士ハンドブック（発展編）』

正解　□ ア　メーカー　　□ イ　リース会社　　□ ウ ソフトウェア使用権
　　　　　□ エ リース契約　　□ オ ユーザー（使用者）

記述式穴埋問題（2）　キーワードはこれだ！

次の各問の〔　　〕の部分にあてはまる最も適当な語句・短文などを記入しなさい。

① 建築基準法における〔　ア　〕とは，建築物の安全・衛生を確保するための基準で，すべての建築物に適用される。一方，建築基準法における〔　イ　〕とは，市街地の安全・環境を確保するための基準で，原則として都市計画区域内の建築物に適用される。

ア	イ

② 〔　ア　〕とは，敷地面積に対する建築面積(建坪)の割合のことである。ここでいう建築面積(建坪)とは，おおむね〔　イ　〕をいう。

ア	イ

③ 〔　ア　〕とは，敷地面積に対する建物の〔　イ　〕(各階の床面積の合計)の割合である。

ア	イ

④ 第一種低層住居専用地域においては，建ぺい率は〔　ア　〕％のうち都市計画で定める割合に制限され，容積率は〔　イ　〕％のうち都市計画で定める割合に制限される。

ア	イ

⑤ 第一種中高層住居専用地域においては，建ぺい率は〔　ア　〕％のうち都市計画で定める割合に制限され，容積率は〔　イ　〕％のうち都市計画で定める割合に制限される。

ア	イ

⑥ 第一種住居地域においては，建ぺい率は〔　ア　〕％のうち都市計画で定める割合に制限され，容積率は〔　イ　〕％のうち都市計画で定める割合に制限される。

ア	イ

⑦ 近隣商業地域の建ぺい率は〔　ア　〕％のうち都市計画で定める割合に制限され，商業地域の建ぺい率は〔　イ　〕％である。

ア	イ

⑧ 準工業地域の建ぺい率は〔　ア　〕％のうち都市計画で定める割合に制限され，工業地域の建ぺい率は〔　イ　〕％のうち都市計画で定める割合に制限される。また，工業専用地域の建ぺい率は〔　ウ　〕のうち都市計画で定める割合に制限される。

ア	イ
	ウ

⑨ 〔　ア　〕とは，幅員4m未満の道であっても，建築基準法第42条2項により「道路とみなされたもの」をいい，〔　イ　〕とも呼ばれる。

ア	イ

⑩ 〔　ア　〕とは，建築基準法第43条の規定により，建築物の敷地は幅員4m以上の道路に間口〔　イ　〕m以上が接していなければならないとする義務をいう。

ア	イ

⑪ 〔　　〕とは，道路の明るさや環境確保を目的として，前面道路の幅員などにより，道路から一定の範囲内で建築物の各部分の高さを制限するルールのことである。

⑫ 〔 ア 〕とは，隣地側に面した建物部分の高さが，第一種中高層住居専用
地域，第二種中高層住居専用地域などでは〔 イ 〕m，または商業系と工業
系の用途地域では〔 ウ 〕m を超える部分についての制限である。

ア	イ
	ウ

⑬ 〔   〕とは，北側の隣地の日照確保に配慮するためのもので，北側の前面
道路の反対側の道路境界線または北側隣地境界線に面した建物部分の高さの
制限である。

⑭ 〔 ア 〕とは，低層住居専用地域(第一種・第二種)と田園住居地域におい
て定められている建築物の高さの制限のことで，都市計画により 10m または
〔 イ 〕m 以内のいずれかが定められている。

ア	イ

⑮ 高さ〔   〕m を超える独立の広告塔，広告板，その他政令で定める工作
物には，建築基準法の規定が準用される。

⑯ 百貨店やスーパーマーケットなど特殊建築物の建築では，その用途に供する
床面積の合計が〔 ア 〕㎡を超える場合などには，工事着手前にその工事計画が
法令・条例に適合しているかどうかについて，都道府県，区，市町村の〔 イ 〕の
確認を受けなければならない。

ア	イ

⑰ 建築物の安全性を確保するため，高さが〔 ア 〕mを超える建築物や，高さが〔 ア 〕m以下の建築物のうち木造で高さが〔 イ 〕mを超えているか軒の高さが〔 ウ 〕mを超えている建築物などは，〔 エ 〕によって安全性を確かめなければならない。

ア	イ

ウ	エ

⑱ 消防用の設備には，消火器，スプリンクラー設備などの〔 ア 〕，自動火災報知設備，ガス漏れ火災警報設備などの〔 イ 〕，避難器具，誘導灯などの〔 ウ 〕の３つがある。

ア	イ
	ウ

⑲ 百貨店など政令で定める大規模な小売店店舗では，有資格者の中から〔　〕を選任し，遅滞なく消防長（消防署長）に届け出なければならない。解任についても同様である。

⑳ 2006（平成18）年に施行された〔 ア 〕の正式名称は「高齢者，障害者等の〔 イ 〕等の円滑化の促進に関する法律」で，同法はハートビル法と〔 ウ 〕を統合・拡充したものである。

ア	イ
	ウ

㉑ 〔 ア 〕は特定のユーザーとの長期的，かつ，専属的な使用契約である。一方，〔 イ 〕は不特定多数の使用者との短期的，かつ，単発的な使用契約である。

ア	イ

㉒ リース取引において，「中途解約ができないことと，これに準ずる取引もできないこと」を〔　　〕という。

〔　　　　　　　　　　　　　　　　　〕

㉓ リース取引において，「リース物件の使用により借り手は資産の経済的利益を享受でき，その使用に際して必要となるコストを借り手が負担すること」を〔　　〕という。

〔　　　　　　　　　　　　　　　　　〕

㉔ リース契約には，〔　ア　〕と〔　イ　〕の2つがある。〔　ア　〕はノンキャンセラブルとフルペイアウトの2つの条件を満たすもので，〔　イ　〕は〔　ア　〕以外のリースの総称である。

ア	イ

㉕ ファイナンスリース取引は，〔　ア　〕と〔　イ　〕に分類される。〔　ア　〕は，リース契約上の諸条件からリース物件の所有権が借り手に移転すると認められるものである。

ア	イ

㉖ ファイナンスリース取引では，多くの場合，〔　ア　〕の免責特約が締結され，リース業者はこの特約にもとづいてリース物件の品質等の不適合があった場合の責任を負担せず，保守責任も負わない。しかし，〔　イ　〕と呼ばれる取引では，故障の修理や保守対応なども特約に含まれており，リース料は高くなるものの，その分，多くの業務削減やコスト削減が期待できる。

ア	イ

㉗ 〔　　〕は，リース会社がメーカーなどとの間で「ソフトウェア使用権設定契約」にもとづき使用権を取得し，そのソフトウェア使用権をリース契約にもとづきユーザーに再許諾する賃貸借取引である。

〔　　　　　　　　　　　　　　　　　〕

正解＆解説

①アー単体規定　　イー集団規定

　解説 本文で述べたように，単体規定には「地震，台風，積雪などに対する建築物の安全性の基準」など，集団規定には「敷地が一定の幅員以上の道路に接することを求める基準」など，がある。

②アー建ぺい率　　イー1階の床面積

　解説
$$建ぺい率＝\frac{建築面積}{敷地面積}×100（\%）$$

③アー容積率　　イー延べ床面積

　解説
$$容積率＝\frac{延べ床面積}{敷地面積}×100（\%）$$

④アー 30，40，50，60

　イー 50，60，80，100，150，200

　解説 第二種低層住居専用地域と田園住居地域の建ぺい率と容積率は，第一種低層住居専用地域の建ぺい率と容積率と同じである。

⑤アー 30，40，50，60

　イー 100，150，200，300，400，500

　解説 第二種中高層住居専用地域の建ぺい率と容積率は，第一種中高層住居専用地域のそれと同じである。

⑥アー 50，60，80

　イー 100，150，200，300，400，500

　解説 第二種住居地域と準住居地域の建ぺい率と容積率は，第一種住居地域のそれと同じである。

⑦アー 60，80

　イー 80

　解説 近隣商業地域の容積率は，100，150，200，300，400，500%のうち都市計画で定める割合である。商業地域の容積率は，200，300，400，500，600，700，800，900，1,000，1,100，1,200，1,300%のうち都市計画で定める割合である。

⑧ア－50，60，80

　イ－50，60

　ウ－30，40，50，60

　解説 準工業地域の容積率は，100，150，200，300，400，500%
　のうち都市計画で定める割合である。工業地域の容積率は，100，
　150，200，300，400%のうち都市計画で定める割合である。工
　業専用地域の容積率は，100，150，200，300，400%のうち都
　市計画で定める割合である。

⑨ア－2項道路　　イ－みなし道路

　解説 1950年11月23日以前から建物が建ち並んでいる，幅員4m未
　満の道について，特定行政庁が道路として指定したものが建築基準法
　上の道路とみなされる。

⑩ア－接道義務　　イ－2

　解説 接道義務は都市計画区域および準都市計画区域内でだけ存在する
　ものである。

⑪道路斜線制限

　解説 道路斜線制限とは，別言すれば，前面の道路の幅員などにより，
　道路側に面した建物部分の高さを制限することである。道路斜線制
　限は，都市計画区域と準都市計画区域のすべての区域に適用される。

⑫ア－隣地斜線制限　　イ－20　　ウ－31

　解説 高さが20mを超える部分についての制限がある用途地域はこれら
　のほかに，第一種住居地域，第二種住居地域，準住居地域がある。なお，
　本文で述べたように，第一種低層住居専用地域，第二種低層住居専用
　地域，田園住居地域については隣地斜線制限の適用はなされない。

⑬北側斜線制限

　解説 本文に記述してあるように，北側斜線制限は低層住居専用地域（第
　一種・第二種），田園住居地域，中高層住居専用地域（第一種・第二種）
　にのみ適用される。

⑭ア－絶対高さ制限　　イ－12

　解説 低層住居専用地域（第一種・第二種）と田園住居地域では，絶対高
　さ制限が設けられている代わりに，先に述べたように隣地斜線制限
　の規定はない。

⑮ 4

解説 道路に広告板，アーチその他の工作物を設置する場合には，道路使用について道路交通法や道路法の規制がある。

⑯ ア－200　　イ－建築主事

解説 建築主事とは，建築基準法第4条の規定により，建物を建築する前に行う「建築確認」を実施するために地方公共団体に設置される公務員のことである。よって，民間の確認検査機関の建築基準適合判定資格者は建築主事ではない。

⑰ ア－60　　イ－13

ウ－9　　エ－構造計算

解説 これらのほかに，鉄骨造で地階を除く階数が4以上の建築物，鉄筋コンクリート造または鉄骨鉄筋コンクリート造で高さが20mを超える建築物についても，構造計算によって安全性を確かめる必要がある。

⑱ ア－消火設備　　イ－警報設備　　ウ－避難設備

解説 消防法は，店舗建物の大型化に伴う，火災によって被害の大型化などに対応するため，逐次改正され，今日に至っている。

⑲ 防火管理者

解説 防火管理者の職務には，消防計画の作成，それにもとづく消火，通報および避難訓練の実施などがある。

⑳ ア－バリアフリー法　　イ－移動

ウ－交通バリアフリー法

解説 バリアフリーの「バリア」とは，生活の支障となる障壁のことである。また，「バリア」には物理的な障壁のほか，社会的・心理的な障壁などが含まれる。

㉑ ア－リース　　イ－レンタル

解説 P132を再度見てもらいたい。「リースとレンタルの相違点」について，ハンドブックは5つ挙げている。

㉒ ノンキャンセラブル

解説 「これに準ずる取引」とは，「契約書の上では解約は可能であっても，実際に解約する場合には相当の違約金を支払わなければならないため，現実的には解約不能である取引のこと」をいう。

㉓ フルペイアウト

フルペイアウトとは，貸し手が調達した物件の取得金額，その金利，保険料などのコストを借り手が負担すること」をいう。

㉔アーファイナンスリース取引

　イーオペレーティングリース取引

　したがって，オペレーティングリース取引は，ノンキャンセラブルとフルペイアウトの2つの条件を満たさないものをいう。

㉕アー所有権移転ファイナンスリース取引

　イー所有権移転外ファイナンスリース取引

　所有権移転外ファイナンスリース取引とは，所有権移転ファイナンスリース取引以外のファイナンスリース取引をいう。

㉖アー契約不適合責任　　イーメンテナンスリース

　メンテナンスリース取引とは反対に，ネットリース取引では税金を含めたいっさいの付帯費用をユーザーが負担するため，リース料は安くなる。

㉗ソフトウェアリース取引

　コンピュータのソフトウェアは，ハードウェアとは別のメーカーから供給されることが最近多くなっている。

小売業のリスクマネジメント

□ 次のア～オについて，正しいものには1を，誤っているものには
2を記入しなさい。

　ア　経営とリスクは裏腹の関係にあり，リスクを冒さなければリタ
　　　ーンも得られない。したがって，最大限のリスクを緻密に計算し
　　　てから小売業経営にチャレンジしなければならない。
　イ　リスクマネジメントが注目され始めたのは，BSE問題から発
　　　生した牛肉の不正表示事件など企業トラブルが続出したことに端
　　　を発している。
　ウ　リスクマネジメントとは，小売業にとっての危険要因を把握し
　　　て，対策を講じることである。
　エ　企業経営におけるリスクには，「ヒト」のリスク，「モノ」のリス
　　　クなどがあるが，「モノ」のリスクとしては火災，地震，台風，損
　　　壊などがある。
　オ　「カネ」のリスクとしては，金利の上昇，取引先の倒産，横領・
　　　着服，株価変動などがある。

POINT!! ▶ 解説

ア：経営リスクを予測していた場合とそうでない場合とでは，リスクが発生
　　したときの対処法とリカバリースピードは明らかに異なる。当然，予測し
　　ておいた場合のほうが圧倒的に勝る。
イ：牛肉の不正表示事件のほかに，食品メーカーや自動車メーカーのリコー
　　ル隠し事件，銀行のシステム障害などの企業トラブルが発生した。なお，
　　企業トラブルは大企業だけの問題ではなく，中小企業においても発生して
　　おり，リスクマネジメントの必要性が生じている。
ウ：これに関して，ハンドブックでは，「リスクマネジメント(危機管理)は
　　「守りを固めながら着実に攻めていくための経営の仕組み」である」と述べ
　　ている。また，リスクマネジメント(Risk Management)について，「不測
　　の事態の被害を最小限に抑え，企業の事業や資産，そして社員などを守る
　　ための(危険管理・危機管理の)方法」と述べている。

表　企業経営におけるリスクの分類

分類	リスクの内容
「ヒト」のリスク	病気, 死亡, 退職, 人材流出, 労災事故, ストレス, 勤労意欲の喪失, 雇用問題, 採用難, 不正, 横領・着服, 背任行為, セクハラなど
「モノ」のリスク	火災, 地震, 台風, 損壊, 停電, 爆発, 危険物, 環境汚染, 盗難, 原材料の高騰, 需要予測の失敗による製品・半製品・原材料の余剰など
「カネ」のリスク	金利の上昇, 銀行借入余力の低下, 売掛債権の滞留, 回収条件の悪化, 取引先の倒産, 為替変動, 株価変動, 粉飾決算, 税務処理・対策の失敗, Ｍ＆Ａの失敗など
「情報」のリスク	クレーマー対応の失敗, 個人情報の漏えい, 技術情報・企業秘密の漏えい, ウイルスによるコンピュータシステムのダウンなど
「環境」のリスク	競争激化による売上ダウン, 天候不順や景気悪化による販売不振, 地域住民からの立ち退き要求, 環境保護団体からのクレーム, 世界各国の経済・景気動向など
「法律」のリスク	契約不備, 契約不履行, 製品不具合による損害, 株主代表訴訟などの訴訟事件の発生, 不正取引, 法律改正による事業への直接的影響など

出所：『販売士ハンドブック（発展編）』

エ：上表に示されるように，「ヒト」のリスクには，病気，死亡，退職，人材流出などがある。

オ：上表をみてわかるように，「横領・着服」は「ヒト」のリスクに分類される。

正解　□ア 1　□イ 1　□ウ 1　□エ 1　□オ 2

実力養成 問題 | 小売業経営におけるリスクマネジメント(2)
　　　　　　　　個人情報保護対策

□ 次のア～オについて，正しいものには1を，誤っているものには2を記入しなさい。

　ア　個人情報保護法は，個人の権利と利益を保護するために，個人情報を取得し取り扱っている事業者に対してさまざまな義務と対応を求めている。

　イ　個人情報保護法の第21条では，「個人情報取扱事業者が個人情報を取得した場合には，あらかじめその利用目的を公表している場合を除いて，速やかにその利用目的を本人に通知するか，または公表すること」を義務づけている。

　ウ　個人情報取扱事業者は，本人からの開示要求や苦情に対して適切に対応しなければならないため，個人情報保護法関連の問合せ窓口の統一化など，社内体制を確立しておく必要がある。

　エ　個人情報保護法では，百貨店などの個人情報取扱事業者がダイレクトメール(DM)広告の発送を専門業者に委託することを禁止している。

　オ　小売店における個人情報保護対策の1つとして，従業員やアルバイトの募集面接時に預かった履歴書は採用，不採用に関係なく本人に返送することにしている。

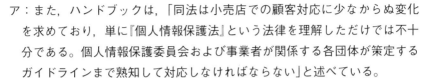

POINT!! 解説

ア：また，ハンドブックは，「同法は小売店での顧客対応に少なからぬ変化を求めており，単に『個人情報保護法』という法律を理解しただけでは不十分である。個人情報保護委員会および事業者が関係する各団体が策定するガイドラインまで熟知して対応しなければならない」と述べている。

イ：これに関しては，最も対応しやすい方法は，自社のホームページにおいて利用目的を告知することであるが，会員向けのサービスなどを行っている場合は，メールに利用目的を明記して送付することも可能である。

ウ：「個人情報保護法関連の問合せ窓口の統一化」のほか，「問合せ対応要員の育成」などがある。また，「対応マニュアルや手続のルール化」なども必要である。

エ：個人情報保護法では，百貨店などの個人情報取扱事業者がダイレクトメール(DM)広告の発送を専門業者に委託することは禁じてはいない。ただし，個人情報取扱事業者が自社の保有する個人情報を第三者に委託する場合には，その監督責任が発生するとしている。

　　そのため，ハンドブックは，委託会社を選定・監督するにあたり，次の点に注意する必要があるとしている。

・個人情報保護の意識が高い企業か

・マニュアル類が整備されているか

・マニュアルどおりに作業を実施しているか

オ：不採用の者については本人に履歴書を返送している。採用された者については管理責任者のもとで管理することとしている。

　　また，採用後，名札を付けさせる場合，本名を記入することで思わぬ被害が発生することが考えられるため，「店長」「○○担当」などのように肩書きや担当部門の名称だけにとどめる配慮も必要となる。

第1章
第2章
第3章
第4章
模擬テスト

正解　□ ア 1　□ イ 1　□ ウ 1　□ エ 2　□ オ 2

□ 次のア〜オは，防犯対策に関する記述である。正しいものには1
を，誤っているものには2を記入しなさい。

ア　コンビニエンスストア業界では，近年，取扱い商品の高額化や
銀行ATM（コンビニATM）の設置店が増えたこともあり，強盗
などの被害を受ける危険性が高まっている。

イ　ドラッグストアや書店などは万引を誘発させやすいとの指摘が
あるが，その背景には，高額で豊富な商品と背の低い陳列棚，少
ない店員などがある。

ウ　精算業務が完了するまでは，預かったお金をレジに入れないよ
うにして釣り銭詐欺対策を行う。

エ　購入目的がなくても誰でも入店できるような店舗（たとえば，
立読み目的の書店など）では，顧客，従業員数がともに少ない開
店直後や閉店間際での重点的警戒が必要である。

オ　営業時間外に店内に侵入されて，売上代金，釣り銭，金券など
の窃盗被害に遭うケースは最近減ってはいるものの，出入り口や
窓などの侵入口となる場所は依然セキュリティ対策が必要になる。

POINT!! 解説

ア：このため，コンビニエンスストア業界では，「防犯カメラ台数の増強や
　オンラインによる遠隔監視が可能な防犯カメラの導入や金融機関などにみ
　られるカラーボールの用意，そして防犯会社への通報設備の設置など，防
　犯設備を充実させる傾向にある」。

イ：ドラッグストアや書店の陳列棚は背が高いため，それが多くの死角をつ
　くることになる。万引被害の多さに，閉店に追い込まれるケースも少なか
　らずある。つまり，万引によるロスは多くの小売業にとって大きな問題と
　なっている。対策としては，従業員の常時巡回や顧客への声掛けにより，
　万引をしにくい雰囲気をつくることである。また，防犯ミラー，防犯カメ
　ラ，万引防止システムなどはできる限り活用し，それらは安全対策のため
　の経費として認識することが大切である。

ウ：また，ハンドブックはレジにおける注意点として，「高額紙幣の入金時
　には売上記録用紙に「正」の字をつけるなどして枚数確認を徹底する」とし
　ている。

エ：「この時間帯（開店直後や閉店間際）の従業員は，商品の補充，ディスプ
　レイなどの店内作業に忙しく，不審者に気づきにくいうえに，現金が最も
　多くレジに置かれた状態になっている」ので，特に警戒が必要である。

オ：「減ってはいる」の箇所が誤りで，「増えている」が正しい。よって，出入
　り口や窓などの侵入口となる場所は特にセキュリティ対策が必要となる。
　　また，従業員による窃盗被害も想定しておく必要があるため，レジの取
　扱者を限定したり，退店時の持ち物検査を実施しなくてはならない。

第1章

第2章

第3章

第4章

模擬テスト

正解 □ ア1 □ イ2 □ ウ1 □ エ1 □ オ2

小売業経営におけるリスクマネジメント(4)
クレームマネジメント(1)

□ 次のア～オについて，正しいものには1を，誤っているものには
2を記入しなさい。

ア 従来，商品の品質がクレームの主体であったが，最近は担当者
の商品知識や十分な説明能力があるかなど，人的サービスの内容
を問うものがクレームの主体となっている。

イ 従来，接客に関するクレームの主体は「敬意をもって顧客に接
しているか」にあったが，最近は「顧客に挨拶ができるか」に変化
している。

ウ 従来，施設に関するクレームの主体は「ショートタイムショッ
ピングができるか」にあったが，最近は「ワンストップショッピン
グができるか」に変化している。

エ クレーム対応は，従来の"その場主義"の担当者レベルから，企
業レベルでの"マネジメント"への転換が求められている。

オ クレーム情報の伝達においては，自社にとって都合が悪く，悪
影響を及ぼすおそれがある情報を経営責任者に報告する社内ルー
トの確立が必要となっている。

POINT!! 解説

ア：これに関して，ハンドブックは次のように述べている。

「今日，クレームの内容は大きく変化している。すなわち，商品の品質
がクレームの主体ではなく，担当者の商品知識や十分な説明能力がある
か，購入後のアフターサービスはどうかなど，人的サービスの内容を問う
ように変化している。」

つまり，かつてはクレームの主体は商品の品質であったが，最近は商品
を販売する店員の商品に関する知識，説明能力，アフターサービスの説明
などの人的サービスにシフトしているということである。

イ：下表に示されるように，接客については，従来は「挨拶ができるか」がク
レームの主体となっていたが，最近は「顧客に対して敬意をもって接して
いるか」がクレームの主体となっている。

表　クレームの質の変化

	従　来　型	今　日　型
①ヒト（接客）	挨拶ができる	敬意をもって接する
②モノ（商品）	品質がよい	安全・安心である
③カネ（価格）	売価設定のミスがない	期待価値に見合った適正売価である
④施設（店舗）	ワンストップショッピング	ショートタイムショッピング

出所：『販売士ハンドブック（発展編）』

ウ：上表に示されるように，施設（店舗）については，従来は「ワンストップショッピングができるか」がクレームの主体となっていたが，最近は「ショートタイムショッピングができるか」がクレームの主体となっている。

エ：従来はクレームを受けたものが責任をもってクレームを処理するという考え方が一般的であったが，近年はクレームが増加するとともに様々な問題が生じていることから，クレームを適切に処理し，それを今後の経営に反映していくことが各企業の大きな課題となっている。したがって，クレームの対応は企業レベルとなり，"マネジメント"の1つと考えられるようになっている。

オ：これに関して，ハンドブックは次のように述べている。

　「クレームに関するマネジメントの実施にあたっては，顧客戦略の一環にクレームを位置づけ，クレームポリシーの確立と，日ごろからクレーム情報を収集し，経営責任者に伝達する仕組みを社内につくることが重要である。」

正　解　□ア 1　□イ 2　□ウ 2　□エ 1　□オ 1

□ 次のア〜オについて，正しいものには1を，誤っているものには2を記入しなさい。

ア　クレーム対応のマネジメントは2つのプロセスから成立している。第1段階はクレーム情報をあらゆる分野から収集するもので，第2段階はそれをデータベース化したうえで，分類または要約するものである。

イ　クレーム情報を店舗から徹底的に引き出し，最高経営責任者の直轄の「クレームマネジメント会議」でクレーム対策の見直しなどを行うことで，全社的なマネジメント体制が確立される。

ウ　先進的な企業では，小売店やコールセンターからのクレーム情報，意見などに加えて，自社のホームページや電子メールなどを活用し，顧客からの情報を収集する専用のサイトを開設している。

エ　最近，顧客のクレームにスピーディに対応することで，"クレーマー"を"ロイヤルカスタマー"に変えていく経営方針を打ち出している企業が増えている。

オ　組織の隅々に至るまで，顧客と従業員と経営責任者が一体化できる体制が新たなクレーム対応のマネジメントである。

POINT!! 解説

ア：図1「クレーム情報の活用サイクル」を見ればわかるように，クレーム対応のマネジメントは3つのプロセスから成り立っている。

　　そして，ハンドブックは3つの各段階について，次のように述べている。

①第1段階（クレーム情報の収集）

　　幅広いチャネルから迅速にクレーム情報を収集する体制を確立させる。電子メール，イントラネット，ホームページなどを利用して社内外からのクレーム情報を収集する。

図1　クレーム情報の活用サイクル

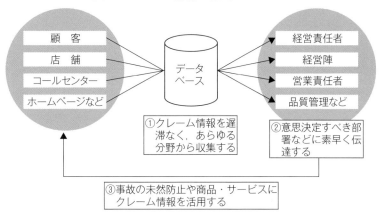

出所：『販売士ハンドブック（発展編）』

図2　店舗と本部がクレーム情報を共有するマネジメント体制

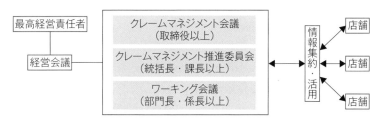

出所：『販売士ハンドブック（発展編）』

②第2段階（クレーム情報の集約）

　　できるだけクレーム情報を加工・修正することなく，意思決定者に届く仕組みづくりを行う。しかし，経営責任者と経営陣がすべてのクレーム情報に目を通すことは，実際には難しい。そこで，クレーム情報をデータベース化したうえで，分類または要約する。

③第3段階（クレーム情報を経営に活かす）

　　将来的な損失の防止と新商品や新サービスなどに活用していく視点が不可欠となる。

イ：図2「店舗と本部がクレーム情報を共有するマネジメント体制」を見てもらいたい。図2から，次のことがわかる。

・各店舗からあがってきたクレーム情報を集約し，最高経営責任者の直轄

の「クレームマネジメント会議」に報告する。

・「クレームマネジメント会議」はこれらのクレーム情報をもとに，従来の
クレーム対策の見直しや新たに取り組むテーマなどを決め，今後の経営
に活かす。

・「クレームマネジメント会議」で決定した今後の活動方針などが各店舗に
伝達される。

ウ：ハンドブックは，これに関して次のように述べている。

「A社では，従来，店頭でのアンケート葉書や店舗からの報告書によっ
てクレームなどの情報を収集していた。しかし，店舗から得られる情報は
ごく一部でしかない。

そこで，来店時でなくても，気軽に意見や不満を言える仕組みがあれ
ば，これまで以上に顧客の声を収集できると考え，ホームページを開設し
た。その結果，従業員に対して直接言いにくかったようなことが気軽に抵
抗なく書き込まれたり，素直な意見や論理的な意見が数多く寄せられたり
するなど，これまでできなかった潜在的ニーズの声を収集できるようにな
った。」

エ：ハンドブックはこれに関連し，次のように述べている。

「小売業がクレーム対応に真剣に取り組む姿勢を示せば，不信感から信
頼感へと変わるという信念がある。

このように顧客からのクレーム，意見，問合せ，要望を商品やサービス
の改善に役立たせている。クレームは，"処理"するものではなく，"活用"
するものである。」

オ：ハンドブックは，これに関連し，次のように述べている。

「クレームのマネジメントの方針，体制，人材のあり方を説明し，顧客
やステークホルダー（利害関係者）に安心感を与え，信頼感を引き出す。
これからは，クレーム対応のマネジメントが企業経営の最優先課題の1つ
になる。」

正解　□ア2　□イ1　□ウ1　□エ1　□オ1

実力養成問題　万引防止対策(1)

□ 次のア～オについて，正しいものには1を，誤っているものには2を記入しなさい。

ア　法務省と警察庁の統計によれば，1926～2015年度のすべての年度において，刑法犯罪総数に対する罪種別の比率の1位は窃盗である。

イ　万引や窃盗による被害金額が経営に与える影響は大きく，小売店を利用する顧客や従業員の安全確保を含めた盗難犯罪対策は小売店経営上の大きな課題となっている。

ウ　死角は万引が行われやすい現場で，一般に，レジカウンターから対角線上の奥の売場(位置)が最も死角になりやすい。

エ　高額で小さな商品はあらかじめレジに近い場所に移動させておく。また，売れ筋の商品はショーケース陳列にして，レジカウンター内に在庫を持つようにするとよい。

オ　防犯カメラは，高額商品や死角などに向けて設置することが望ましいが，防犯カメラが取り付けてあることがわからないようにすることが重要である。

ア：全国の警察が2021年（令和3年）に認知した窃盗事件は約38万1,800件と，2003年から長期にわたり減少傾向にある。2021年の刑法犯罪総数は約56万8,100件であるので，窃盗の比率は約67％となる。つまり，窃盗事件は近年，長期にわたり減少傾向にあるものの，刑法犯罪総数に対する罪種別の比率は窃盗が断トツ第1位である。

　　とはいえ，ハンドブックによれば，「これらの被害実態は，被害に遭っても届けていなかったり，被害に遭っていること自体に気づかなかったりするケースが非常に多い。実際の発生件数は認知件数の10倍以上ともいわれている」とのこと。

イ：これについて，ハンドブックは次のように述べている。

　　「そのためには「万引を許さない店づくり」を行う必要がある。小売店があまり費用をかけずに，今すぐできる万引防止策としては，接客を見直す，店内の死角をなくす，商品ディスプレイを見直す，防犯機器を使いこなすなどが考えられるが，まずは自店での万引に対する現状認識から始めなければならない。」

　　また，"現状認識"に関し，ハンドブックは，「盗られた商品の損失額を売上高でカバーするためには，一般的にみて4倍以上の売上高が必要とされている。まず，自店の棚卸減耗費（{1個当たり原価×（帳簿棚卸数量－実地棚卸数量）}）を正確に把握し，実態を捉えることが万引対策の第一歩である」と述べている。

ウ：死角とは，従業員から見えないまたは見えにくい売場（位置）のことである。よって，万引は死角となる売場で行われやすい。ただ，店内から完全に死角をなくすことは難しい。とはいえ，死角を完全になくすことが最も重要な万引対策である。

エ：ショーケース陳列ではなく，サンプル陳列が正しい。最近，ドラッグストアなどでは，高額商品はレジカウンター内に置いてあることが多い。

オ：防犯カメラを設置する際，あえて見えるように取り付けることが犯罪の抑止力となる。

正解 □ ア 1　□ イ 1　□ ウ 1　□ エ 2　□ オ 2

実力養成 問題　万引防止対策(2)

□ 次の文中の〔 〕の部分に該当する語句を記入しなさい。

(1) 死角をなくすための対策としては，次のようなことがポイントになる。
- 死角に〔 ア 〕を設置することで，反対側，対角線上も見ることができる。
- 死角となる位置に作業用カウンターなどの〔 イ 〕を設置して，人員を配置する。
- 書店などでは死角の位置に椅子やテーブルを設置して，〔 ウ 〕を提供すると，顧客に万引に対する監視役になってもらえる効果がある。

(2) 防犯カメラは次のような位置に向けて設置することが望ましい。
- 常に見張っているという強い牽制の意味合いを込めて，〔 エ 〕をねらって設置する。
- 強盗や社内不正防止に向けて〔 オ 〕を映すために設置する。

POINT!! 解説

ア：「コーナーミラー」が入る。死角にコーナーミラーを設置することで，従業員は頻繁に死角をチェックできるが，反対に，万引犯が店員の位置を確認するためにミラーを利用しているケースがある。

エとオ：防犯カメラを設置する際のポイントは，あえてそこに防犯カメラが設置されていることがわかるように取り付けることである。これが犯罪の抑止力となる。

正解　☐ ア コーナーミラー　☐ イ サブカウンター　☐ ウ 座読スペース　☐ エ 高額商品　☐ オ レジ

トレーサビリティシステムと電子タグ

□ 次のア～オは，トレーサビリティに関する記述である。正しいものには1を，誤っているものには2を記入しなさい。

ア　日本では近年，食品の偽装表示など食品の安全管理に関する問題が相次いで発生しているため，消費者の信頼を回復することが急務となっている。

イ　トレーサビリティとは，食品やモノの生産および流通過程に関する履歴を追跡し，管理することで，近年，「食の安全」対策としてトレーサビリティシステムを導入し，利用する企業が増えている。

ウ　トレーサビリティには，トレースバックとトレースフォワードの2つがあるが，製造者を上流，消費者を下流とした場合，製造段階で問題が発生したとき，上流から下流に向かって製品を特定することをトレースバックという。

エ　トレーサビリティは消費者にとってはメリットのある仕組みであるが，生産者や小売業にとってメリットはほとんどない。

オ　コンビニエンスストア・チェーン業界はスクラップ・アンド・ビルドが激しいため，すべての什器，備品，設備にRFIDタグを取り付けて，耐用年数やリース期間などを追跡・管理することは，店舗をスクラップ・アンド・ビルドする際に，新たな調達をせずに流用できるので，費用の削減と効率的な運用が実現できる。

POINT!! 解説

ア：食品の偽装表示などの問題が近年次々に発生したことから，消費者は食品の安全性に不安を抱き，「食の安全」に対して非常に敏感になっている。そのため，小売業やメーカーは，食品やモノの生産・流通プロセスの履歴情報を収集し，開示することで，消費者の信頼を回復することが急務となっている。

イ：農林水産省のガイドラインでは，トレーサビリティについて，「生産・処理・加工・流通・販売のフードチェーンの各段階で，食品とその情報を追跡し，遡及できること」と定義している。

ウ：下図のように，製造者を上流，消費者を下流とする。

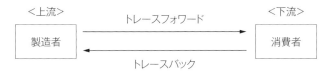

　上記のように，トレースフォワード（追跡）とは，上流から下流に向かって製品を特定することである。よって，リコールや不良品の回収に有効となる。

　一方，トレースバック（遡及）とは，下流から上流に向かって，商品の製造元をさかのぼって調査することである。よって，品質改善などにつながる。

エ：生産者や小売業にとっても，トレーサビリティがメリットのある仕組みであることについて，ハンドブックでは次のように説明している。

　「輸入ほうれん草の農薬残留が問題となったことがあり，風評被害により国内の多くの産地のほうれん草が売れなくなった。しかし，トレーサビリティが可能になれば産地などの特定ができることから，生産者すべてが打撃を受けることはなくなり，生産者保護にも役立つ。さらに，商品の賞味期限などの管理をしている小売業では，業務の効率が向上する。」

　なお，消費者にとっては，安全面での安心に加え，自分が必要とするさまざまな情報がすぐに入手できるので，トレーサビリティは非常にメリットのある仕組みといえる。

オ：ハンドブックは，RFID タグ（Radio Frequency Identification Tag）について，「電波（電磁波）を用いて，内蔵したメモリのデータを非接触で読み書きする情報媒体のこと。カード型，シール型，リストバンド型，コイン型などさまざまな型がある」と述べている。

正解　□ ア 1　□ イ 1　□ ウ 2　□ エ 2　□ オ 1

□ 次の文中の〔　〕の部分に該当する語句を記入しなさい。

・経済産業省の定義によれば，DX とは単なるデジタル化ではなく，データやデータ技術の活用を軸に企業や社会を〔　ア　〕する取組みといえる。

・企業が DX 導入に取り組む主なメリットとして，次の３つが挙げられる。①業務の生産性が向上する。②消費行動の変化に対応した〔　イ　〕につながる。③ BCP（事業継続計画）の充実につながる。

・DX の推進にあたっては，新たなデジタル技術を活用して，どのようにビジネスを変革していくかという〔　ウ　〕が不可欠である。

・今の時代においては，新しいテクノロジーの活用に挑戦するリスクよりも，古いテクノロジーを使い続け，その結果自社の成長を阻害することのほうが，はるかに問題が大きいといえる。その意味で経営者の〔　エ　〕は極めて重要である。

・DX は小売業が消費者に提供する価値を高めることに貢献するが，この考え方は自店の従業員にも転用できる。たとえば，必要な情報がすべて手元のスマートフォンで活用できるようになれば，顧客サービスの向上とともに，人手不足の中でリソースで分かれていた発注や在庫管理などの業務負担を軽減できる可能性がある。すなわち，現場の〔　オ　〕が前進することが期待できる。

POINT!! 解説

ア：「変革」が入る。ネット試験の記述式穴埋問題で同じ文が出題された場合、「企業や社会を変革する取組み」の箇所が空欄になる可能性がある。

　　ハンドブックは、DX（Digital Transformation）について、「2004年にスウェーデンのウメオ大学に所属するエリック・ストルターマン教授が初めて提唱したとされる概念。『IT の浸透が人々の生活をあらゆる面でより良い方向に変化させる』という定義」と述べている。

イ：「ビジネス」が入る。ネット試験の記述式穴埋問題では、「業務の生産性」「BCP の充実」の箇所が空欄になる可能性がある。

　　ただ、ハンドブックでは、DX 導入によるメリットはあるものの、ＤＸを本格的に展開していくうえでは、データの利活用・連携が限定的であるため、その効果も限定的となってしまうという問題点がある、と指摘している。

ウ：「経営戦略」が入る。これに関連して、ハンドブックは、「明確なビジョンがないまま、上層部から「AI を活用して何かできないか」といった曖昧な指示が出され、PoC を繰り返すだけになってしまっているケースが多いのが実態であり、改革を進めたい経営者と、現場の意識に乖離が生じている」と述べている。つまり、経営者はより具体的な経営戦略を打ち出す必要がある、ということである。

エ：「IT リテラシー」が入る。ハンドブックは、IT リテラシーについて、「情報技術を意味する『IT（Information Technology）』と、情報や技術を収集・活用する力を意味する『Literacy』を組み合わせた言葉。広義では、各種 IT 関連サービスや機器、テクノロジーについて理解し、使いこなす能力のことをいう」と述べている。

オ：「働き方改革」が入る。つまり、DX は小売業の従業員の働き方をも大きく変えるものとなる、ということ。

　　したがって、小売業も競争力維持・強化のために、今後 DX（デジタルトランスフォーメーション）をスピーディに進めていく必要がある。

正　解　□ ア　変革　　　□ イ　ビジネス　　　□ ウ　経営戦略
　　　　　　□ エ　IT リテラシー　　　□ オ　働き方改革

次の各問の〔　　〕の部分にあてはまる最も適当な語句・短文を記入しなさい。

① 企業経営におけるリスクを分類すると「病気，死亡，退職，人材流出など」の「〔　ア　〕のリスク」，「火災，地震，台風，環境汚染，原材料の高騰など」の「〔　イ　〕のリスク」，「金利の上昇，銀行借入余力の低下，取引先の倒産など」の「〔　ウ　〕のリスク」などがある。

ア	イ
	ウ

② 〔　　〕とは，企業が自然災害，火災，テロ攻撃などの緊急事態に遭遇した場合，企業の損害を最小限に抑え，事業の継続あるいは早期復旧を可能とするため，平時において行うべき活動，緊急時における事業継続のための方法などを決めておく計画のことをいう。

③ 〔　　〕とは，不測の事態の被害を最小限に抑え，企業の事業や資産，そして社員などを守るための（危険管理・危機管理の）方法のこと。

④ 〔　　〕とは，個人の権利と利益を保護するために，個人情報を取得し取り扱っている事業者に対してさまざまな義務と対応を求めるものである。2003年5月に成立し，2005年4月から全面施行された。

⑤ 〔　　　〕とは，個人情報（特定個人情報を含む）の有用性に配慮しつつ，個人の権利権益を保護するために，個人情報の適正な取扱いの確保をはかることを任務とする内閣府の外局である。

（空欄）

⑥ 〔　ア　〕とは，個人情報保護法第16条第2項において，「個人情報〔　イ　〕などを事業の用に供している者」と定義されている。

ア（空欄）　　イ（空欄）

⑦ 万引対策としては，従業員の常時〔　ア　〕や顧客への〔　イ　〕を行い，万引をしにくい雰囲気をつくることが効果的である。

ア（空欄）　　イ（空欄）

⑧ 〔　ア　〕は，強盗に狙われやすいため，保管金額を抑えるなどの工夫が必要である。〔　イ　〕詐欺対策としては，精算業務が完了するまでは，預かったお金を〔　ア　〕に入れないようにすること。高額紙幣の入金時には，売上記録用紙に「〔　ウ　〕の字をつけるなどして枚数確認を徹底する。

ア（空欄）　　イ（空欄）

ウ（空欄）

⑨ 今日，クレームの内容は大きく変化している。すなわち，従来のように，〔　ア　〕がクレームの主体ではなく，担当者の商品知識や十分な説明能力があるか，購入後のアフターサービスはどうかなど，〔　イ　〕の内容を問うように変化している。

ア（空欄）　　イ（空欄）

⑩　店舗についての従来のクレームはワンストップショッピングができないことに対するものであったが，今日のクレームは〔　　〕ができないことに対するものに変わった。

（空欄）

⑪　クレーム対応のマネジメントは３つの段階から成る。第１段階は「クレーム情報の〔　ア　〕」，第２段階は「クレーム情報の〔　イ　〕」，第３段階は「クレーム情報を〔　ウ　〕」である。

ア	イ
	ウ

⑫　〔　ア　〕とは，従業員から見えない，または見えにくい売場（位置）のことであり，〔　イ　〕が行われやすい現場である。一般に，レジカウンターから〔　ウ　〕上の奥の売場（位置）が最も〔　ア　〕になりやすい。

ア	イ
	ウ

⑬　〔　ア　〕とは，その商品がいつ，どこで，誰によってつくられたかを明らかにすべく，〔　イ　〕の調達から生産，そして消費または〔　ウ　〕まで追跡可能な状態にすることである。また，対象とする物品や〔　イ　〕の流通〔　エ　〕を確認できることも〔　ア　〕である。

ア	イ
ウ	エ

⑭　トレーサビリティには，〔　ア　〕と〔　イ　〕の２つがある。〔　ア　〕とは，たとえば製造段階において，ある部品の不良が判明した場合，その部品が使われた製品を時間経過に沿って追跡することをいう。〔　イ　〕とは，たとえば出荷した製品に問題が発生した場合，製品の流通履歴を時系列にさかのぼって記

録をたどることをいう。

ア	イ

⑮　ICタグは「RFタグ」「〔　　　〕タグ」とも呼ばれるもので，ICチップとアンテナを保護素材で加工したものである。

⑯　コンビニエンスストア・チェーン業界では，売上不振店の閉鎖と新規出店，すなわち〔　ア　〕が激しいことから，〔　イ　〕システムを活用することで，新規出店の際の初期投資コストを抑えることが積極的に行われている。

ア	イ

⑰　〔　ア　〕とは〔　イ　〕の略で，企業がビジネスにまつわるあらゆる作業をデジタル化することで，効率化を推進し，競争上の優位を確立することをいう。

ア	イ

⑱　〔　　　〕とは「概念実証」と訳されるもので，新たなアイデアや手法などの実現可能性を見いだすため，開発段階における検証を指すものである。

⑲　〔　　　〕とは，「固定された考え方」「これまでの経験などから形成された思考パターン」のことで，DXを実現するにはこの変革が求められている。

⑳　〔　　　〕とは，パソコンやスマートフォンなどのIT機器や，インターネットなどの情報ツールを理解し，使いこなす能力のことをいう。

① アーヒト　イーモノ　ウーカネ

　解説 これらのほかに，「クレーマー対応の失敗，個人情報の漏えい，
　技術情報・企業秘密の漏えい，ウイルスによるコンピュータシステ
　ムのダウンなど」の「情報のリスク」，「競争激化による売上のダウン，
　天候不順や景気悪化による販売不振など」の「環境のリスク」，「契約
　不備，契約不履行，不正取引など」の「法律のリスク」がある。

② BCP（事業継続計画）

　解説 前問で述べたように，常に企業経営にはさまざまなリスクが伴う。
　よって，企業存亡を左右する事態になりかねないため，そうした緊
　急時にすばやく対応できるよう，平常時から BCP を作成し，準備し
　ておく必要がある。

③ リスクマネジメント

　解説 リスクマネジメントの定義はいろいろなされているが，ハンド
　ブックでのリスクマネジメントは問題文に記述した通りである。ま
　た，ハンドブックはこれに続いて，「小売業経営においては，損失を
　生じうるリスクを把握し，その影響を事前に回避，もしくは事後に
　最小化する対策を講ずる一連の管理プロセスをいう」と述べている。

④ 個人情報保護法

　解説 2017 年 5 月に全面施行された改正法では，取り扱う個人情報
　の数が 5,000 件以下の小規模事業者も同法の対象となった。また，
　2022 年 4 月に全面施行された改正法では，「仮名加工情報」という
　概念が創設された。

⑤ 個人情報保護委員会

　解説 個人情報保護委員会は委員長および委員 8 人で構成され，個人情
　報保護法およびマイナンバー法に基づき，「個人情報の保護に関する
　基本方針の策定・推進」「個人情報等の取扱いに関する監視・監督」な
　どの業務を行っている。

⑥ アー個人情報取扱事業者　イーデータベース

　解説 ハンドブックは，個人情報取扱事業者について，「個人情報を，紙
　媒体・電子媒体を問わず，データベース化（特定の人を検索できるよ
　うに体系的に整理）してその事業活動に利用している者のことをいう。

法人に限定されず，営利・非営利の別は問わないため，個人事業主
や NPO，自治会等の非営利組織もこれに該当する」と述べている。

⑦ア－巡回　　イ－声掛け

解説 最近では，レジ袋に代わって利用が広がっているエコバッグを悪
用した万引被害が目立っている。

⑧ア－レジ　　イ－釣り銭　　ウ－正

解説 現金被害と並んで大きなリスクとなるのが，インターネットに接
続された POS レジからの情報流出である。

⑨ア－商品の品質　　イ－人的サービス

解説 つまり，最近では商品の知識や十分な説明をする能力が足りない
と，売れないどころか，クレームをつけられることになる。よって，
この対策としては顧客と積極的にコミュニケーションをすることで，
クレームの種を引き出すこと・発見することである。

⑩ショートタイムショッピング

解説 接客についての従来のクレームは"店員が顧客に対して挨拶がで
きないことに対するもの"であったが，今日のクレームは"店員が顧
客に対して敬意をもって接しないことに対するもの"である。

⑪ア－収集　　イ－集約　　ウ－経営に活かす

解説 クレーム情報の「収集・集約・活用」という一連の取組みにより，
従業員のクレームに対する意識を高めることになる。

⑫ア－死角　　イ－万引　　ウ－対角線

解説 店内から完全に死角をなくすことは難しいが，"死角をなくす"こ
とが最も重要な万引対策である。

⑬ア－トレーサビリティ　　イ－原材料
　ウ－廃棄　　　　　　　エ－履歴

解説 ハンドブックは，トレーサビリティ（Traceability）について，「ト
レース（Trace：追跡）とアビリティ（Ability：能力）を組み合わせ
た造語である。一般には，追跡可能性と訳され，消費財や食品など
の生産，流通過程を履歴として統一的に記録し，消費者などが確認
できる制度やシステムをいう」と述べている。

⑭アートレースフォワード　イートレースバック

　解説 本文で説明したように，トレースフォワードとトレースバックについては，下図のように製造段階を上流，消費段階を下流として，上流から下流に向かう流れをトレースフォワード，下流から上流に向かう流れをトレースバックと覚えておけばよい。

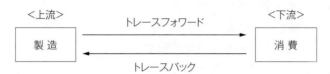

⑮ RFID

　解説 本文に記載したように，ハンドブックは RFID タグについて，「電波（電磁波）を用いて，内蔵したメモリのデータを非接触で読み書きする情報媒体のこと。カード型，シール型，リストバンド型，コイン型などさまざまな型がある」と述べている。

　　なお，RFID とは，「IC タグ・RF タグ・RFID タグ」「RFID リーダライタ」「処理システム」の 3 つから構成されるものである。「RFID リーダライタ」とは，電波を用いて非接触で IC チップに書き込まれたデータの読み出しや新しいデータの書き込みを行う装置である。「処理システム」とは，こうして得た情報を活用するためのシステムのことである。

⑯アースクラップ・アンド・ビルド　イートレーサビリティ

　解説 スクラップ・アンド・ビルドとは，一般的には，古くなった設備を廃棄して，効率の高い最新の設備に置き換えることをいう。英語の頭文字をとって「S&B」ともいう。

⑰アー DX　イーデジタルトランスフォーメーション

　解説 DX は広義では，デジタル技術を駆使することで，人々の生活をあらゆる面でより良い方向に変化させることをいう。

⑱ PoC

　解説 ハンドブックは，PoC（Proof of Concept：概念実証）について，「新たなアイデアやコンセプトの実現可能性やそれによって得られる効果などについて検証すること」と述べている。

⑲マインドセット

解説 ハンドブックは，マインドセット(Mindset)について，「経験や教育，先入観などから形成される思考様式，心理状態のこと。企業のマインドセットは，その企業の戦略やビジョン，歴史，取扱製品やサービスの特性，経営スタイル，コミュニケーションなどによって形成される」と述べている。

⑳IT リテラシー

解説 小売業において DX に取組むためには，まず，経営者の IT リテラシーがどの程度であるかが極めて重要となる。新しいテクノロジーの活用に挑戦するためには，経営者に IT リテラシーが備わっていることが不可欠となる。

リテールマーケティング（販売士）検定試験
１級　模擬テスト（販売・経営管理）

㊟実際のネット試験では，テスト開始の前に，
　練習画面があって，解答練習ができます。

模擬テストを始める前に

「ネット試験の概要」（P10）で説明したように，実際のネット試験は次のようになっています。

販売・経営管理　1／20問

　次の各問の〔　　〕の部分にあてはまる最も適当なものを選択肢から選びなさい。

　人事考課を行うとき，心理的誤差傾向と呼ばれるエラーが生じることがある。〔　　〕とは，何か1つよいと，何もかもよく評価してしまうように，部分的印象で全体的評価を行うエラーのことをいう。

○　中心化傾向
○　寛大化傾向
○　近接誤差
○　ハロー効果

販売・経営管理　2／20問

　次の各問の〔　　〕の部分にあてはまる最も適当なものを選択肢から選びなさい。

　〔　　〕では，建ぺい率は80％に制限され，容積率は200，300，400，500，600，700，800，900，1,000，1,100，1,200，1,300％のうち都市計画で定める割合に制限される。

- ◦ 近隣商業地域
- ◦ 商業地域
- ◦ 準工業地域
- ◦ 工業地域

販売・経営管理　11／20 問

　次の各問の〔　　〕の部分にあてはまる最も適当な語句・短文を記入しなさい。

　2005（平成17）年4月の個人情報保護法の施行に伴い，新たに情報の取扱いにも注意を払わなければならなくなった。店舗の商品を盗難などから防ぎ，顧客と従業員の個人情報と安全を守る〔　　〕は小売業の使命であり，重点課題である。

　しかし，本書の「模擬テスト」は次のような出題形式にしますので，その点はご了解下さい。

◆販売・経営管理
　●次の各問の〔　　〕の部分にあてはまる最も適当なものを選択肢から選びなさい。
　①　人事考課を行うとき，心理的誤差の傾向と呼ばれるエラーが生じることがある。〔　　〕とは，何か1つよいと，何もかもよく評価してしまうように，部分的印象で全体的評価を行うエラーのことをいう。
　　　◦　中心化傾向　　　◦　寛大化傾向
　　　◦　近接誤差　　　　◦　ハロー効果

② 〔　　〕では，建ぺい率は 80％ に制限され，容積率は 200, 300, 400, 500, 600, 700, 800, 900, 1,000, 1,100, 1,200, 1,300％ のうち都市計画で定める割合に制限される。

- 近隣商業地域　　　　　○　商業地域
- 準工業地域　　　　　　○　工業地域

③ _____

_____

⎰　　　　　　　　⎰

●次の各問の〔　　〕の部分にあてはまる最も適当な語句・短文を記入しなさい。

⑪　2005（平成17）年4月の個人情報保護法の施行に伴い，新たに情報の取扱いにも注意を払わなければならなくなった。店舗の商品を盗難などから防ぎ，顧客と従業員の個人情報と安全を守る〔　　〕は小売業の使命であり，重点課題である。

| |
| |

⑫ _____

_____

〈制限時間〉
　ネット試験の制限時間は5科目で90分です。本書の模擬テストは「販売・経営管理」だけなので，(90 ÷ 5) × 1 = 18（分）とします。

模擬テスト1（販売・経営管理）

〈制限時間：18分〉

◆販売・経営管理

（各5点×20 = 100点）

●次の各問の〔　　〕の部分にあてはまる最も適当なものを選択肢から選びなさい。

① 従業員管理はいくつかの段階から成る。〔　　〕においては，目標達成のために，従業員が意欲的に仕事をするように，職場環境を整えたり，刺激を与えたりする。この段階では，従業員に責任を持たせ，権限を与えることが肝要である。

　　◦　組織化段階　　　◦　動機づけ段階
　　◦　計画段階　　　　◦　調整段階

② 絶対評価法の手法において，短文の代わりに「S・A・B・C・D」や「優・良・可・不可」などの符号を使う方式を〔　　〕という。

　　◦　成績評語法　　　◦　強制択一法
　　◦　評語評価法　　　◦　執務基準法

③ 営業キャッシュフローが15,000万円で，投資キャッシュフローが－8,460万円であったとき，フリーキャッシュフローは〔　　〕万円となる。

　　◦　23,460　　　　◦　6,540
　　◦　－23,460　　　◦　－6,540

④ 〔　　〕は，大規模な店舗，事務所の立地が制限される，住居の環境保護のための地域で，建ぺい率は50，60，80%のうち都市計画で定める割合に制限される。

　　◦　第一種住居地域　　◦　第二種住居地域
　　◦　準住居地域　　　　◦　田園住居地域

⑤ 敷地面積が 200㎡ で，建ぺい率が 80％，容積率が 400％ であるとき，延べ床面積は建築面積の〔　　〕となる。

- ◦ 2 倍　　　　◦ 2.5 倍
- ◦ 4 倍　　　　◦ 5 倍

⑥ ノンキャンセラブル（リース期間中の解約ができない契約，あるいは実質的に中途解約が不能な契約）と，フルペイアウト（リースによって調達した資産の経済的利益を借り手が享受でき，リース物件の使用に際して必要となるコストを借り手が負担すること）の 2 つの条件を満たさないリースは，〔　　〕に分類される。

- ◦ ファイナンスリース取引
- ◦ オペレーティングリース取引
- ◦ メンテナンスリース取引
- ◦ ネットリース取引

⑦ 対象とする商品に問題が発見されたとき，その商品が販売された特定顧客に対してピンポイントで商品の回収を行うことは，〔　　〕によってもたらされる。

- ◦ トレースアップ
- ◦ トレースダウン
- ◦ トレースフォワード
- ◦ トレースバック

⑧ 〔　　〕は集団決定法の 1 つで，たとえばクレーム対応法などのテーマを設定し，自分が販売員だったら，顧客だったらどうするかをあらかじめ想定し，実際にその役割を演じて，相手の出方や感情に対して，応対の実技などを体得していく方法である。

- ◦ ロールプレーイング　　　◦ PM 理論
- ◦ 職場ぐるみ訓練　　　　　◦ マネジリアルグリッド

⑨ F企業のキャッシュフロー計算書，発行済株式数，株価は下記の通りである。

このとき，1株当たり営業キャッシュフローは〔　　〕となる。

■キャッシュフロー計算書
営業活動によるキャッシュフロー　　　43,200（百万円）
投資活動によるキャッシュフロー　▲ 25,700（　〃　）
財務活動によるキャッシュフロー　▲ 18,060（　〃　）

(注) ▲はマイナス

■発行済株式数　　　　36（百万株）
■株価　　　　　4,080（円）
　∘　1,000 円　　　∘　1,200 円
　∘　1,400 円　　　∘　1,500 円

⑩ 企業経営には，「ヒト」のリスク，「モノ」のリスク，「カネ」のリスク，「情報」のリスク，「環境」のリスク，「法律」のリスクなどさまざまなリスクが発生する。そして，大きなリスクが発生すると，小売業の存亡を左右する重大な事態に発展しかねない。

緊急時に倒産や事業縮小を余儀なくされないためには，平常時から〔　　〕を準備しておき，緊急時に事業の継続・早期の復旧をはかることが重要となる。
　∘　CDP　　　∘　OJD
　∘　EPS　　　∘　BCP

◉次の各問の〔　　〕の部分にあてはまる最も適当な語句・短文などを記入しなさい。
⑪ 人事考課の際に，評価者が陥りやすい心理的誤差傾向の中に〔　　〕がある。このエラー対策としては，従業員を指導・育成しようとする管理者としての自覚を高めること，評価者が自信を持つこと，などが挙げられる。

⑫　教育ニーズの切実感は，業務の遂行過程の中で最も強い。それだけに〔　　〕による教育訓練は，知識や技能などの習得が早く，効果も大きいことから，小売業にとって非常に重要な方法である。

```
┌─────────────────────────────────────────────────┐
│                                                 │
│                                                 │
│                                                 │
└─────────────────────────────────────────────────┘
```

⑬　リースとレンタルの相違点の1つは，リースは〔　　〕のに対し，レンタルは不特定多数の使用者との短期的，かつ，単発的な使用契約である。

```
┌─────────────────────────────────────────────────┐
│                                                 │
│                                                 │
│                                                 │
└─────────────────────────────────────────────────┘
```

⑭　センシティビティ・トレーニング（ST）とは，感受性訓練のことで，あらゆる集団の帰属関係から切り離したメンバーで構成することにより，いわゆる〔　　〕を作り出すことで，訓練対象者がありのままの自分を吐露し，対人的共感性に対する意識を明確にし，集団の機能についての洞察を行うものである。

```
┌─────────────────────────────────────────────────┐
│                                                 │
│                                                 │
│                                                 │
└─────────────────────────────────────────────────┘
```

⑮　X企業の貸借対照表とキャッシュフロー計算書は下記の通りである。

このとき，営業キャッシュフロー対流動負債比率は〔　　〕％である。答えに端数が生じた場合は，小数点第2位を四捨五入しなさい。

■貸借対照表　　　　　　　　　　　　　　　（単位：百万円）

流動資産	92,670	流動負債	102,780
固定資産	234,780	固定負債	80,570
		純　資　産	144,100
資産合計	327,450	負債・純資産合計	327,450

■キャッシュフロー計算書　　　（単位：百万円）
　　営業活動によるキャッシュフロー　　18,670
　　投資活動によるキャッシュフロー　▲ 7,090
　　財務活動によるキャッシュフロー　▲ 4,520

⑯　カウンセリングは基本的に，非指示的方法と指示的方法の2つがある。非指示的方法は，カウンセリングをする管理者が〔　　〕させ，それを通してクライアント自身に自分が今後どのように行動するかを決めさせる方法である。

⑰　準工業地域は，環境の悪化をもたらすおそれのない工業の利便の増進をはかる地域である。建ぺい率は，〔　　〕割合に制限されている。

⑱　一般定期借地権は，借地期間を50年以上とすることを条件として，「契約の更新をしない」「建物再築による期間の延長をしない」「〔　　〕」，という3つの特約を公正証書などの書面で契約することで成立する。

⑲　建築基準法で，それぞれの用途地域の中で建てられる建築物の種類や規模を規制している。
　「店舗等で床面積が10,000㎡超」の建築物は，〔　　〕の3つの用途地域でしか建てることはできない。

⑳　人が1つの組織に対して帰属意識を抱く条件を分類すると，次のように5つある。

(1)　その組織に所属することによって，自分の欲求が満たされる可能性が高い場合

(2)　〔　　　　　　　　　　　　　　〕

(3)　組織の活動にとって自分が必要な存在であるという意識を持っている場合

(4)　組織的に温かい人間関係が存在する場合

(5)　組織内の地位が高いか，または高くなる可能性が多い場合

```
┌─────────────────────────────────────┐
│                                     │
│                                     │
│                                     │
└─────────────────────────────────────┘
```

模擬テスト１ 　正解 & 解説

◆**販売・経営管理**

① − 動機づけ段階

　　|解説|　このタイプの問題は，問題を解くための"手がかり"となる箇所を見つけることがポイントである。「刺激を与えたりする」の箇所から，「動機づけ段階」と判断できる。

② − 評語評価法

　　|解説|　絶対評価法，相対評価法とも，頻出問題である。それぞれいくつかの手法があるので，名称とその内容を確実に覚えておこう。

③ − 6,540

　　|解説|　フリーキャッシュフロー

$$=営業キャッシュフロー＋投資キャッシュフロー$$

$$\left.\begin{array}{l}営業キャッシュフロー＝15,000（万円）\\投資キャッシュフロー＝-8,460（万円）\end{array}\right\}を上式に入れると，$$

$$フリーキャッシュフロー＝15,000＋（-8,460）$$
$$＝15,000-8,460$$
$$＝6,540（万円）$$

　　たとえば，「営業キャッシュフローが−5,480万円，投資キャッシュフローが8,790万円であったとき，フリーキャッシュフローは〔　　　〕万円となる。」

　　上記のような問題が出題された場合には，

　　フリーキャッシュフロー

$$=営業キャッシュフロー＋投資キャッシュフロー$$
$$＝-5,480＋8,790$$
$$＝3,310（万円）$$

④－第一種住居地域

解説 P101の表「用途地域の種類」を見てもらいたい。

第一種住居地域では大規模な店舗，事務所の立地が制限されるが，第二種住居地域では大規模な店舗, 事務所の立地も認められる。また，準住居地域は，道路の沿道において，自動車関連施設などの立地と，これと調和した住居の環境を保護するための地域であるので，第一種住居地域などと大きく異なることがわかる。

⑤－5倍

解説 建ぺい率 $=\dfrac{\text{建築面積}}{\text{敷地面積}} \times 100$ （%）

敷地面積が200㎡，建ぺい率が80%であるので，これらを上式に代入すると，

$$80 = \frac{\text{建築面積}}{200} \times 100$$

$$\therefore \text{建築面積} = 80 \times 2$$
$$= 160 \ (\text{㎡})$$

容積率 $=\dfrac{\text{延べ床面積}}{\text{敷地面積}} \times 100$ （%）

敷地面積が200㎡，容積率が400%であるので，これらを上式に代入すると，

$$400 = \frac{\text{延べ床面積}}{200} \times 100$$

$$\therefore \text{延べ床面積} = 400 \times 2$$
$$= 800 \ (\text{㎡})$$

以上より， $\dfrac{\text{延べ床面積}}{\text{建築面積}} = \dfrac{800}{160} = 5$ （倍）

⑥－オペレーティングリース取引

解説 ノンキャンセラブルとフルペイアウトの2つの条件を満たすリース取引を「ファイナンスリース取引」という。

また，ノンキャンセラブルとフルペイアウトの2つの条件を満たさないリース取引を「オペレーティングリース取引」というが，1つの条件しか満たさないリース取引も「オペレーティングリース取引」という。

⑦－トレースフォワード

解説　P165を見てもらうと，製造者を上流，消費者を下流とした図が掲載されている。

　問題文には，「商品が販売された特定顧客に対してピンポイントで商品の回収を行う」と書いてあるので，上流から下流に向かって製品を特定していることになる。よって，〔　　〕には「トレースフォワード」が入る。

　反対に，下記のような問題の場合，〔　　〕には「トレースバック」が入る。

　対象とする商品に対して関心を持った消費者などが，その商品の履歴を遡って生産履歴を見ることは，〔　　〕によってもたらされる。

⑧－ロールプレーイング

解説　ロールプレーイングは役割演技法のことである。集団決定法として，ハンドブックは，ロールプレーイング，ST（センシティビティ・トレーニング），職場ぐるみ訓練，マネジリアルグリッド，PM理論を挙げている。

　PM理論は三隅二不二氏が提唱したもので，ハンドブックはPM理論（PM Theory）について，「リーダーシップは『P機能（Performance function：目標達成機能）』と『M機能（Maintenancd function：集団維持機能）』の2つの能力要素から構成されているという理論。それぞれの能力要素の強弱により，リーダーシップを4つの類型に分類している」と述べている。したがって，このPM理論はマネジリアルグリッドと類似したモデルといえる。

⑨－ 1,200円

解説　1株当たり営業キャッシュフローは，キャッシュフロー版EPSである。

$$1株当たり営業キャッシュフロー = \frac{営業キャッシュフロー}{発行済株式数}（円）$$

与えられた資料から，

営業キャッシュフロー = 43,200（百万円）

発行済株式数 = 36（百万株）

これらの数値を上式にあてはめると

$$1株当たり営業キャッシュフロー ＝ \frac{43,200（百万円）}{36（百万株）}$$

$$＝ 1,200（円）$$

⑩ － BCP

解説 BCP は「Business Continuity Plan」の略である。

P172 で述べたように，「常に企業経営にはさまざまなリスクが伴う。よって，企業存亡を左右する事態になりかねないため，そうした緊急時にすばやく対応できるよう，平常時から BCP を作成し，準備しておく必要がある。」

CDP は「Career Development Program」の略。CDP は P59 に記載されてあるように，従業員の中・長期目標に合わせて能力開発を推進する方法である。

OJD は「On the Job Development」の略で，「職場内能力開発」のことである。

EPS は「Earnings Per Share」の略で，「1 株当たり利益」のことである。EPS ＝当期純利益÷発行済株式数

⑪ －中心的傾向

解説 中心的傾向とは，評価するときにあまり優劣をつけず，評価が中央に集まってしまうエラーのこと。したがって，その対策としては，管理者としての自覚を高めること，評価者が自信を持つこと，そして評定の分布制限を行うことが重要となる。評定の分布制限とは，たとえば5段階評価の場合，「5」の評価は8％以内，「4」の評価は15％以内などと前もって決めておくことである。

⑫ － OJT

解説 「教育ニーズの切実感は，業務の遂行過程の中で最も強い」の箇所から，〔　　〕には「OJT」が入ると判断できる。なぜなら，OJT は通常の業務の中で，上司などが部下に知識やノウハウを教えるものである。

⑬ －特定のユーザーとの長期的，かつ，専属的な使用契約である

解説 「レンタルは不特定多数の使用者との短期的，かつ，単発的な使用契約である」と記述してあるので，これらの用語の"対義語"を考えればよい。

○不特定多数 ↔ 特定　　　○短期的 ↔ 長期的
○単発的 ↔ 専属的

⑭－文化的孤島

|解説|　センシティビティ・トレーニング（ST）に関するキーワードは，「文化的孤島」のほかに，「感受性訓練」「対人的共感性」「集団の機能」がある。

⑮－18.2

|解説|　営業キャッシュフロー対流動負債比率

$$= \frac{\text{営業キャッシュフロー}}{\text{流動負債}} \times 100 \text{（％）}$$

与えられた貸借対照表から，流動負債 = 102,780（百万円）
与えられたキャッシュフロー計算書から，

営業キャッシュフロー = 18,670（百万円）

∴営業キャッシュフロー対流動負債比率 $= \dfrac{18,670}{102,780} \times 100 = 18.16$

　小数第2位を四捨五入すると，18.2％となる。

⑯－クライアント（従業員）に自分の感情的な態度を自由に表現

|解説|　したがって，非指示的方法はクライアントを中心とした技法といえる。
　一方，指示的方法は，管理者がクライアント（従業員）にいろいろ質問したり，クライアントに関する情報を集めて，問題点などを考える。そして，クライアントが問題を解決するための方法を決める際の判断をしたり，場合によっては解決法を助言したり勧告したりするという方法である。したがって，指示的方法はカウンセラーを中心とした技法といえる。

⑰－50，60，80％のうち都市計画で定める

|解説|　用途地域は合計13あるが，それぞれの名称とその内容，そして建ぺい率と容積率について，確実に覚えておきたい。何度も繰り返しチェックすることがポイントである。

第1章

第2章

第3章

第4章

模擬テスト

⑱ – 期間満了による建物の買取請求をしない

　　解説　定期借地権には，一般定期借地権，事業用定期借地権，建物譲渡特約付借地権の３種類がある。

　　　〔一般定期借地権〕
　　　　・借地権の存続期間……50年以上
　　　　・建物の用途……限定されていない
　　　　・契約満了後の建物の扱い
　　　　　　……借地人は更地にして地主に返還しなければならない。

　　　〔事業用定期借地権〕
　　　　・借地権の存続期間……10年以上50年未満
　　　　・建物の用途……住宅を除く，事業用
　　　　・契約満了後の建物の扱い
　　　　　　……借地人から地主に対して建物買取請求はできない。

　　　〔建物譲渡特約付借地権〕
　　　　・借地権の存続期間……30年以上
　　　　・建物の用途……限定されていない
　　　　・契約満了後の建物の扱い
　　　　　　……借地人は地主に建物を買い取ってもらうことができ，土地は地主に返還する。

⑲ – 近隣商業地域，商業地域，準工業地域

　　解説　P101の表「用途地域の種類」を見てもらいたい。この表は，「上」から「下」の順に，住居系，商業系，工業系の用途地域が並んでいる。これらを順番に覚えておくと便利なこともある。

　　次に，P118の表「用途地域による建築物の用途制限（抜粋）」を見てもらいたい。「店舗等で床面積が10,000㎡超」の建築物を建てることのできる用途地域を覚える場合、「工業地域」と「工業専用地域」はそれぞれ×（バツ）で，その「左」にある３つの用途地域がOKと覚えておけば、「近隣商業地域，商業地域，準工業地域」がすぐに出てくる。覚え方はいろいろあるので，自分なりの工夫をすることが大切といえる。

⑳－その組織の活動や社会的評価に魅力を感じる場合

解説　このタイプの問題への対策は，実際に自分の手で書いて，覚えることがベターと考えられる。

　なお，ハンドブックでは，「人が1つの組織に対して帰属意識を抱く5つの条件のうち，満たされるものが多ければ多いほど従業員の組織に対する帰属意識が高まる。したがって，管理者としてはこれらをできるだけ満たしてやる努力をしなければならない」と述べている。

第1章

第2章

第3章

第4章

模擬テスト

模擬テスト 2 (販売・経営管理)

〈制限時間：18分〉

◆販売・経営管理

（各 5 点 × 20 = 100 点）

●次の各問の〔　　〕の部分にあてはまる最も適当なものを選択肢から選びなさい。

① 相対評価法の手法において，1 つの集団ごとに，A は全体の 5 %，B は 15 %，C は 60 %，D は 15 %，E は 5 %と，あらかじめ評価分布を制限しておく方式を〔　　〕という。

- 　分布制限法
- 　成績順位法
- 　総合評価法
- 　多項目総合評価法

② Y 企業の損益計算書とキャッシュフロー計算書は下記の通りである。

このとき，キャッシュフローマージンはおよそ〔　　〕となる。

■損益計算書　　（単位：万円）

売上高	153,800
売上総利益	39,420
営業利益	12,590
経常利益	18,700
当期純利益	11,580

■キャッシュフロー計算書　　　　（単位：万円）

営業活動によるキャッシュフロー	13,050
投資活動によるキャッシュフロー	▲5,980
財務活動によるキャッシュフロー	▲2,790

（注）▲はマイナス

- 　5.6 %
- 　6.2 %
- 　7.1 %
- 　8.5 %

③ バリアフリー法では，車いす使用者同士がすれ違うことができ

る十分な廊下幅員の確保，高齢者，障がい者などの利用に配慮し
たトイレやエレベーターの設置など，〔　　〕を満たす特定建築物
の建築主は，建築（新築・増築・改築），修繕，模様替えにあたり，
計画の所管行政庁の認定を受けることができる。

- 　建築物移動等円滑化基準
- 　建築物移動等円滑化誘導基準
- 　特定建築物移動等円滑化基準
- 　特定建築物移動等円滑化誘導基準

④　ファイナンスリース取引は，実質的には分割払いで資産を購入
したのと同様になるため，貸借対照表にリース資産を〔　　〕と
して計上し，減価償却を行うとともに，リース料の総額を評価し
て負債として計上する。

- 　流動資産　　　　　○　有形固定資産
- 　無形固定資産　　　○　投資その他の資産

⑤　北側斜線制限は，北側の隣地の日照確保に配慮するための高さ
の制限であり，第一種低層住居専用地域，第二種低層住居専用地域，
〔　　〕にのみ適用される。

- 　田園住居地域，第一種中高層住居専用地域，
　第二種中高層住居専用地域
- 　田園住居地域，第一種住居地域，第二種住居地域
- 　第一種中高層住居専用地域，第二種中高層住居専用地域，
　第一種住居地域
- 　第一種住居地域，第二種住居地域，準住居地域

⑥ 経済産業省は，〔　　〕を次のように定義している。

「企業がビジネス環境の激しい変化に対応し，データとデジタル技術を活用して，顧客や社会のニーズを基に，製品やサービス，ビジネスモデルを変革するとともに，業務そのものや，組織，プロセス，企業文化・風土を変革し，競争上の優位を確立すること。」

- ○　IT
- ○　DX
- ○　ICT
- ○　EX

⑦ 営業キャッシュフローなどの金額が次のとき，キャッシュフロー版インタレスト・カバレッジ・レシオは〔　　〕となる。

- ・営業キャッシュフロー　　　25,800（百万円）
- ・支払利息額　　　　　　　　2,000（百万円）
- ・税金　　　　　　　　　　　1,400（百万円）

- ○　14.2 倍
- ○　14.4 倍
- ○　14.6 倍
- ○　14.8 倍

⑧ 絶対評価法には，いくつかの手法がある。〔　　〕は，成績，態度，能力，性格に関して具体的な多くの評語（短文）を任意に並べ，評価者が該当するものを選ぶ方式である。

- ○　減点法
- ○　図式尺度法
- ○　プロブスト法
- ○　段階択一法

⑨ 〔　　〕とは，ブレーンストーミングなどによって得られた情報をカード状の紙に1つひとつ記入し，そのカードを並べかえ，グルーピングすることで，情報を整理することにより，問題解決への糸口を見つける方法である。

- ○　等価変換的思考法
- ○　集団技法
- ○　KJ 法
- ○　プロジェクト法

⑩ 下図は，ファイナンスリース契約の成立過程を示したものである。図中の〔　〕の部分に該当するものはどれか。なお，図中の①～⑦の番号はファイナンスリース契約が成立する過程での順番を表している。

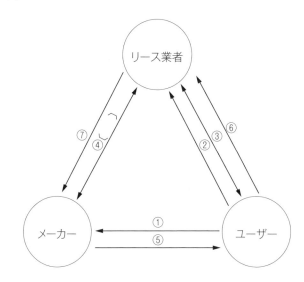

○　リース契約　　○　売買契約
○　リース申込　　○　代金支払

●次の各問の〔　〕の部分にあてはまる最も適当な語句・短文を記入しなさい。

⑪ キャッシュフロー計算書を読むポイントの１つは，多額のキャッシュを投入して設備投資を行ったとき，通常，〔　〕が膨らむことになるが，翌期以降，営業キャッシュフローのプラスによりそれがどの程度のスピードで回収されていくのかに注目することである。

第1章

第2章

第3章

第4章

模擬テスト

197

⑫ ヒューマンアセスメントの手法とは，人間の潜在能力や資質が外面の態度や行動として表れやすい状況を心理的配慮の下に設定し，そうした状況の下で，特別に訓練を受けた〔　　〕し，その結果を人事施策や能力開発に活用していくものである。

⑬ インバスケット法とは，受講者に〔　　〕後，どういう基準と判断で処理したかを集団討議させることで，管理者としての決裁能力を評価するとともに，それを高めようという手法である。

⑭ 人事考課における心理的誤差傾向のうち，対比誤差とは，自分が几帳面だと普通の人でもだらしなくみえるように，〔　　〕で，評価対象者をみることによって生じるエラーのことである。

⑮ R.R. ブレークと J.S. ムートンはマネジリアルグリッド論において，リーダーシップのタイプを5類型（1・1型，1・9型，9・1型，9・9型，5・5型）に分類した。これらのうち，9・1型とは，人間を〔　　〕型リーダーのことをいう。

⑯ 建物譲渡特約付借地権とは，借地権設定後30年以上経過した日に，地主（借地権設定者）が借地人から借地上の建物を買い取ることを約束した借地権である。借地権を設定する際に，借地権を消滅させるため30年以上経過した日に〔　　〕を結ぶことで，この借地権が設定される。

⑰　隣地斜線制限は，隣地の境界線を起点として「高さ」と「斜線の勾配」により規制される。しかし，〔　　〕の3つの用途地域については隣地斜線制限の適用はなされていない。

⑱　RFID は，IC タグ，RFID リーダライタ，処理システムの3つから構成される。RFID リーダライタは，電波を用いて非接触で IC チップに〔　　〕を行う装置である。

⑲　建築基準法では，それぞれの用途地域の中で建てられる建築物の種類や規模を規制している。

「店舗等の床面積が500㎡超で1,500㎡以下」の建築物は，〔　　〕の用途地域では建てることができない。

⑳　個人情報保護法は，個人の権利と利益を保護するために，個人情報を取得し取り扱っている事業者に対してさまざまな義務と対応を求めている。

個人情報取扱事業者の，個人情報保護法への主な対応策を3つ箇条書きにしなさい。

(1)
(2)
(3)

◆販売・経営管理

①－分布制限法

解説 これについては，P37の表2「相対評価法の手法」を見てもらいたい。本問のような択一式穴埋問題が出た場合には，いくつかある相対評価法の手法の違いを知っていれば即座に解答できるが，記述式穴埋問題で出た場合には，相対評価法の手法の名称などについて正確に覚えておく必要がある。

②－8.5%

解説

$$キャッシュフローマージン = \frac{営業キャッシュフロー}{売上高} \times 100（\%）$$

与えられた損益計算書から，売上高 = 153,800（万円）

与えられたキャッシュフロー計算書から，

$$営業キャッシュフロー = 13,050（万円）$$

$$\therefore キャッシュフローマージン = \frac{13,050}{153,800} \times 100$$

$$= 0.0848 \times 100$$

$$= 8.48（\%）$$

③－建築物移動等円滑化誘導基準

解説 そして，計画が認定されると「認定特定建築物」となり，シンボルマークを表示できるほか，容積率の特例，税制上の特例措置，低利融資，補助制度の支援措置が受けられることになる。

なお，バリアフリー法によるバリアフリー化の基準には，「建築物移動等円滑化基準」と「建築物移動等円滑化誘導基準」の2つがある。「建築物移動等円滑化基準」はバリアフリー化の最低限の基準とされるものであり，一方，「建築物移動等円滑化誘導基準」はバリアフリー化の望ましいとされる基準である。

次表は2つの基準の違いの一部を示したものである。

	建築物移動等 円滑化基準	建築物移動等 円滑化誘導基準
廊下幅	120cm 以上	180cm 以上
スロープ幅（傾斜路）	120cm 以上	150cm 以上
車いす使用者用駐車施設の数	1 つ以上	原則 2%以上
車いす使用者用便房の数	建物に1つ以上	各階ごとに原則 2%以上

　　上表からわかるように，「建築物移動等円滑化誘導基準」の方が認定を受けることから，制限が厳しいものになっている。

④−有形固定資産

　解説　「減価償却を行う」と記述されているので，リース資産を「流動資産」として計上するのではない，と判断がつく。「無形固定資産」とは，借地権，ソフトウェアなどが該当するので，これもあてはまらない。「投資その他の資産」とは，投資有価証券，関係会社株式，長期差入保証金などが該当するので，これもあてはまらない。

⑤−田園住居地域，第一種中高層住居専用地域，第二種中高層住居専用地域

　解説　絶対高さ制限については，第一種低層住居専用地域，第二種低層住居専用地域，田園住居地域で設けられているので，これも覚えておこう。その代わり，これらの用途地域では隣地斜線制限の規定はない。

⑥−DX

　解説　したがって，DX（デジタルトランスフォーメーション）は単なるデジタル化ではなく，データやデジタル技術の活用を軸に企業や社会を変革する取組みといえる。DX について定義する場合，「デジタル化」「変革」という用語がよく登場するので，セットで覚えておくとよい。そして，もう1つ，「競争上の優位の確立」もしばしば登場する。

⑦－14.6 倍

解説　P89を再度見てもらいたい。

キャッシュフロー版インタレスト・カバレッジ・レシオ

$$= \frac{営業キャッシュフロー＋支払利息額＋税金}{支払利息額}$$

問題文から，営業キャッシュフロー　　25,800（百万円）

支払利息額　　　　　　2,000（百万円）

税金　　　　　　　　　1,400（百万円）

よって，これらの数値を上式にあてはめると，

キャッシュフロー版インタレスト・カバレッジ・レシオ

$$= \frac{25,800 + 2,000 + 1,400}{2,000} = \frac{29,200}{2,000}$$

$$= 14.6（倍）$$

（注）営業キャッシュフロー⊕支払利息額⊕税金，の理由

営業キャッシュフローに支払利息額がプラスされている理由は，営業キャッシュフロー自体が利息を支払った後に算出されていることから，支払能力をみるためには，利息を支払う前の状態に戻した方がよいからである。

これは税金についても同様で，営業キャッシュフロー自体が税金を支払った後に算出されていることから，支払能力をみるためには，税金を払う前の状態に戻した方がよいからである。

⑧－プロブスト法

解説　模擬テスト1の②の解説で述べたように，「絶対評価法，相対評価法とも頻出問題である」ので，何度もチェックし，確実に処理できるまでに準備しておくことが肝要である。

なお，プロブスト法と図式尺度法は第79回販売士検定試験において「記述式」で出題されたこともあるので，その対策もしておこう。

⑨－KJ法

解説　KJ法を実施する際には，その前に，対象となるものに関して情報やアイデアを収集しておく必要があるので，ブレーンストーミングなどを行うことが不可欠となる。したがって，「ブレーンストーミングなどによって得られた情報」の箇所から，「KJ法」に関する記述だとすぐにわかる。

なお，KJ法においては，アイデアなどをグルーピングしたら，その関係性を図解化し，最後にそれを文章化する。文章化することで，次のステップにつながることになる。

⑩－売買契約

[解説] 「ファイナンスリース契約の成立過程」は過去に販売士検定試験で出題されたこともあるので，今後，いろいろな設問形式で出題されることが予想される。よって，P137に「ファイナンスリース契約の成立過程」が説明されているので，①～⑦の順番は確実に覚えてもらいたい。

⑪－投資キャッシュフローのマイナス

[解説] P85の下から3行目に，「上記からわかるように，『投資活動によるキャッシュフロー』は通常，マイナスとなる」と書いてある。逆にいえば，投資活動によるキャッシュフローがプラスということは，その企業の財務状況が何らかの事情により悪化し，設備投資を控えていると考えるべきである。設備投資が極端に少ないということは，その企業の成長力が著しく小さいし，存続さえも危ぶまれるということである。

⑫－アセッサー（観察者）が参加者を多面的に観察

[解説] ヒューマンアセスメントは自己申告制度と同様，人事考課の補完的役割を担うものである。

なお，ハンドブックは，ヒューマンアセスメントについて，「ヒューマンアセスメントとは，組織が求める経営方針に沿って，経営者や管理者としての能力，資質，適性などを心理学理論にもとづいて客観的に診断する方法のことである」と述べている。

⑬－多数の未決裁の書類を短時間で処理させた

（別解）意思決定が必要となる案件を一定時間内に大量処理させた
[解説] ハンドブックは，インバスケット法について，次のようにも述べている。「時間内にどれだけの案件を処理できたかという生産性のほか，分析力，判断力，部下育成の意識など，多面的に評価を行う。」よって，インバスケット法の関連キーワードとしては，「多面的評価」も覚えておきたい。

⑭ − 評価者自身の性格や能力や価値基準

 解説 　人事考課における心理的誤差傾向のうち，近接誤差とは，〔評価要素が近くに配列されていた〕り，あるいは〔時間的に近かったりしている〕と，各評価要素の評定結果が類似してしまうエラーのこと。

 　近接誤差が記述式穴埋問題で出題された場合，上記の２つの〔　　　〕のうち，どちらかが空欄で出題されるものと考えられる。

⑮ − 犠牲にしても業績最大化への関心が強い権力

 解説 　人間を犠牲にしても業績最大化への関心が強い権力型リーダーによる管理のタイプを「課業型管理」という。

 　５つのタイプについては，P56 に掲載されているので，それぞれのタイプがどのタイプのリーダーに該当するかなどについて，しっかり覚えておこう。

⑯ − 相当の対価で借地上の建物を地主に売却する旨の特約

 解説 　建物譲渡特約付借地権は，地主が借地人から建物を買い取ることで借地権が消滅する。しかし，建物の維持管理状態によっては地主が建物の買取りを止めることがあるが，この場合，借地権は消滅することなく継続することになる。

⑰ − 第一種低層住居専用地域，第二種低層住居専用地域，田園住居地域

 解説 　隣地側に面した建物部分の高さが「20m」を超える部分についての制限がある用途地域は，第一種中高層住居専用地域，第二種中高層住居専用地域，第一種住居地域，第二種住居地域，準住居地域である。

 　また，隣地側に面した建物部分の高さが「31m」を超える部分についての制限がある用途地域は，近隣商業地域，商業地域，準工業地域，工業地域，工業専用地域である。

⑱ − 書き込まれたデータの読み出しや新しいデータの書き込み

 解説 　IC タグは RF タグ，RFID タグといわれる。ハンドブックでは RFID タグとして記述されているので，P165 を再度見てもらいたい。

 　また，P174 に記載されてあるように，「処理システム」とは，RFID リーダライタにより読み出された情報や新しいデータを活用するため

のシステムである。

　なお，RFID の特徴としては，「新しいデータを書き込むことができる」ことのほかに，「読み取れる範囲が広い」「同時に多くのタグを読み取ることができる」ことなどである。

⑲－第一種低層住居専用地域，第二種低層住居専用地域，田園住居地域，第一種中高層住居専用地域

[解説]　問題文が，「『店舗等の床面積が 500㎡超で 1,500㎡以下』の建築物は，〔　　　〕の４つの用途地域では建てることができない」と設定されていれば，P101 の表「用途地域の種類」の「上」から４つの用途地域を書けばよいことになる。しかし，本問の場合，「４つの用途地域」と書いてないので，建築できない用途地域は「４つ」であることを覚えておく必要がある。これについても覚え方はいろいろあると思うので，自分なりに工夫してみよう。

　なお，P118 の表「用途地域による建築物の用途制限（抜粋）」を見てもらいたい。同表の下に記載されている③として「２階以下」と書いてあるので，第二種中高層住居専用地域では，「店舗等の床面積が 500㎡超で 1,500㎡以下」の建築物は建てられるものの，条件として「２階以下」でのみ建築可能ということである。また，④として「物品販売店舗と飲食店を除く」と書いてあるので，工業専用地域では「店舗等の床面積が 500㎡超で 1,500㎡以下」の建築物は建てられるものの，「物品販売店舗と飲食店は建築できない」ということである。

⑳－(1)利用目的を公表すること
　　(2)本人からの開示要求に適切に対応すること
　　(3)委託会社に対し適切な監督を行うこと

[解説]
(1)　個人情報保護法第 21 条では，「個人情報取扱事業者は，個人情報を取得した場合は，あらかじめその利用目的を公表している場合を除き，速やかに，その利用目的を本人に通知し，又は公表しなければならない」と規定している。
(2)　これについて，ハンドブックは，「個人情報取扱事業者は，本人からの開示要求や苦情に対して適切に対応しなければならない。

第１章

第２章

第３章

第４章

模擬テスト

具体的には，コールセンターや問合せ窓口で対応することが考えられる」と述べている。

(3) 個人情報保護法第25条では，「個人情報取扱事業者は，個人データの取扱いの全部又は一部を委託する場合は，その取扱いを委託された個人データの安全管理が図られるよう，委託を受けた者に対する必要かつ適切な監督を行わなければならない」と規定している。

スイスイうかる 販売士(リテールマーケティング)1級問題集 part 5

2023年8月22日　初版　第1刷発行

編　　　集	T A C 販 売 士 研 究 会	
著　　　者	中　谷　安　伸	
発　行　者	多　田　敏　男	
発　行　所	T A C 株式会社　出版事業部	
	（TAC出版）	

〒 101-8383
東京都千代田区神田三崎町 3-2-18
電　話 03(5276)9492(営業)
FAX 03(5276)9674
https://shuppan.tac-school.co.jp

組　　　版	有 限 会 社 文 字 屋	
印　　　刷	日 新 印 刷 株 式 会 社	
製　　　本	株 式 会 社 常 川 製 本	

© TAC 2023　　Printed in Japan　　ISBN 978-4-8132-9964-6
N.D.C. 338

TAC出版 書籍のご案内

TAC出版では、資格の学校TAC各講座の定評ある執筆陣による資格試験の参考書をはじめ、資格取得者の開業法や仕事術、実務書、ビジネス書、一般書などを発行しています！

TAC出版の書籍

*一部書籍は、早稲田経営出版のブランドにて刊行しております。

資格・検定試験の受験対策書籍

- ✪日商簿記検定
- ✪建設業経理士
- ✪全経簿記上級
- ✪税 理 士
- ✪公認会計士
- ✪社会保険労務士
- ✪中小企業診断士
- ✪証券アナリスト

- ✪ファイナンシャルプランナー(FP)
- ✪証券外務員
- ✪貸金業務取扱主任者
- ✪不動産鑑定士
- ✪宅地建物取引士
- ✪賃貸不動産経営管理士
- ✪マンション管理士
- ✪管理業務主任者

- ✪司法書士
- ✪行政書士
- ✪司法試験
- ✪弁理士
- ✪公務員試験(大卒程度・高卒者)
- ✪情報処理試験
- ✪介護福祉士
- ✪ケアマネジャー
- ✪社会福祉士　ほか

実務書・ビジネス書

- ✪会計実務、税法、税務、経理
- ✪総務、労務、人事
- ✪ビジネススキル、マナー、就職、自己啓発
- ✪資格取得者の開業法、仕事術、営業術
- ✪翻訳ビジネス書

一般書・エンタメ書

- ✪ファッション
- ✪エッセイ、レシピ
- ✪スポーツ
- ✪旅行ガイド (おとな旅プレミアム/ハルカナ)
- ✪翻訳小説

書籍の正誤に関するご確認とお問合せについて

書籍の記載内容に誤りではないかと思われる箇所がございましたら、以下の手順にてご確認とお問合せを
してくださいますよう、お願い申し上げます。

なお、正誤のお問合せ以外の書籍内容に関する解説および受験指導などは、一切行っておりません。
そのようなお問合せにつきましては、お答えいたしかねますので、あらかじめご了承ください。

1 「Cyber Book Store」にて正誤表を確認する

TAC出版書籍販売サイト「Cyber Book Store」の
トップページ内「正誤表」コーナーにて、正誤表をご確認ください。

CYBER TAC出版書籍販売サイト
BOOK STORE

URL：https://bookstore.tac-school.co.jp/

2 1の正誤表がない、あるいは正誤表に該当箇所の記載がない ⇒下記①、②のどちらかの方法で文書にて問合せをする

★ご注意ください★

お電話でのお問合せは、お受けいたしません。

①、②のどちらの方法でも、お問合せの際には、「お名前」とともに、

「対象の書籍名（○級・第○回対策も含む）およびその版数（第○版・○○年度版など）」
「お問合せ該当箇所の頁数と行数」
「誤りと思われる記載」
「正しいとお考えになる記載とその根拠」

を明記してください。

なお、回答までに1週間前後を要する場合もございます。あらかじめご了承ください。

① ウェブページ「Cyber Book Store」内の「お問合せフォーム」より問合せをする

【お問合せフォームアドレス】

https://bookstore.tac-school.co.jp/inquiry/

② メールにより問合せをする

【メール宛先　TAC出版】

syuppan-h@tac-school.co.jp

※土日祝日はお問合せ対応をおこなっておりません。
※正誤のお問合せ対応は、該当書籍の改訂版刊行月末日までといたします。

乱丁・落丁による交換は、該当書籍の改訂版刊行月末日までといたします。なお、書籍の在庫状況等
により、お受けできない場合もございます。

また、各種本試験の実施の延期、中止を理由とした本書の返品はお受けいたしません。返金もいたし
かねますので、あらかじめご了承くださいますようお願い申し上げます。

（2022年7月現在）